# 漫游
# 澳大利亚

藏羚羊旅行指南编辑部 编著

北京出版集团公司

北京出版社

**图书在版编目（CIP）数据**

漫游澳大利亚 / 藏羚羊旅行指南编辑部编著． — 北京：北京出版社，2017.5
ISBN 978-7-200-12882-6

Ⅰ．①漫… Ⅱ．①藏… Ⅲ．①旅游指南—澳大利亚 Ⅳ．① K961.19

中国版本图书馆 CIP 数据核字（2017）第 060613 号

**漫游澳大利亚**
**MANYOU AODALIYA**
藏羚羊旅行指南编辑部　编著

＊

北 京 出 版 集 团 公 司
北 京 出 版 社　出版
（北京北三环中路 6 号）
邮政编码：100120

网　　　址：www.bph.com.cn
北 京 出 版 集 团 公 司 总 发 行
新 华 书 店 经 销
北 京 天 颖 印 刷 有 限 公 司 印刷

＊

889 毫米 ×1194 毫米　32 开本　7 印张　230 千字
2017 年 5 月第 1 版　2017 年 5 月第 1 次印刷
ISBN 978-7-200-12882-6
定价：49.00 元
如有印装质量问题，由本社负责调换
质量监督电话：010-58572393

# 前言

全世界很少有一个国家像澳大利亚一样，拥有如此精彩且多元的人文和自然景观特色。喜欢城市旅游的游客，可以选择悉尼、墨尔本，那里怡人的气候和舒适的生活令人向往，两者也多次获得全球最宜居城市的美誉；热爱佳肴美馔的游客，在澳大利亚这个具有移民文化的国度，可以品尝到融合了东、西方特色的美食，而且因其海产资源丰富，新鲜的龙虾、生蚝、鱼类，绝对让人食指大动；喜欢美酒的游客，悉尼近郊的猎人谷、墨尔本附近的亚拉河谷是两大最受欢迎的酒产区，游客来到这里除了可以参观酒庄，还可以体验田园风光；对自然生态有兴趣的游客，可以在这里看到各种野生动物，除了近距离接触可爱的树袋熊、袋鼠，出海赏鲸、海豚共游，还有机会观赏企鹅生态；而当地不论是雨林健行、骑马、乘坐景观火车、乘坐热气球、玩雪橇、玩四轮摩托车、玩沙丘等陆空体验，还是潜水、冲浪、乘帆船等亲水活动，都能满足喜欢户外或冒险活动的人的要求，其中在终年阳光普照的昆士兰的大堡礁，有世界上最大的珊瑚礁群，更让热爱阳光、沙滩和水上活动的人流连忘返；到澳大利亚的北领地、原住民最重要的胜地——乌卢鲁和卡塔楚塔，则可以体验当地特殊且原始的原住民文化，体验与都市生活截然不同的沙漠风情。

本书从用味蕾认识澳大利亚、澳大利亚购物、感受澳大利亚人文历史等主题开始，让读者快速建立对澳大利亚的印象。接着以悉尼、墨尔本、布里斯班、凯恩斯、珀斯、阿德莱德等为分区的形式提供交通、景点等实用资讯，帮助读者提前了解旅游目的地。

# 目录
## Contents

# Contents

# 目录
## Contents

# 用味蕾认识澳大利亚

**美食
美酒**

　　在澳大利亚这个移民国家，你可以品尝到这里的移民将家乡的美味融入这个国家的美食精华。而且因自然资源丰富，澳大利亚的海产、牛肉和羊肉特别新鲜肥美，令人大快朵颐，有机会甚至可以品尝到袋鼠肉、鳄鱼肉等美食。此外，整个澳大利亚境内拥有60多个葡萄酒产区，每年都出产世界顶级美酒以飨老饕，其中以悉尼近郊的猎人谷、墨尔本近郊的亚拉谷和西澳的玛格丽特河三大产区最为著名。

Sunny courtyard

### 牛排、羊排

澳大利亚畜牧业发达，牛肉、羊肉是当地人日常生活最重要的主食之一，所以他们非常擅长烹饪牛排、羊排，火候拿捏恰当，尤其是羊排，多半能去除膻腥味，即使平常不爱吃羊肉的人也能接受。

### 丛林美食

澳大利亚拥有独一无二的丛林美食，像是袋鼠肉、鳄鱼肉、澳大利亚肥牛、丛林番茄……这些难得一见的食物，也会成为旅途中的新鲜体验。

### 海鲜

邻近太平洋和印度洋的澳大利亚，新鲜海产丰富，不论是龙虾、生蚝、河鲈、牡蛎、鲍鱼、螃蟹……在这里，都可以痛快地享受。特别是生蚝，澳大利亚水质纯净，养殖的生蚝硕大肥美，不太有腥味，只要淋一些柠檬汁就会很好入口。

另外，昆士兰黄金海岸一些河流的入海口是泥蟹生长的天堂，若有机会参加当地游船抓泥蟹的行动，就可以在现场尝到泥蟹大餐。

## 美酒

　　猎人谷是澳大利亚历史最悠久的葡萄酒产区，这里种植品种丰富多元的葡萄，如果香味浓、堪称世界上最好的白葡萄酒品种赛美蓉葡萄、口感厚实的澳大利亚招牌设拉子、利落且丰富回甘的霞多丽。

　　而西澳拥有温暖的地中海气候和适当的降雨量，因此非常适合种植各种葡萄。这当中以珀斯以南的玛格莉特河为优选，最受欢迎的红酒种类包括埃米塔日、设拉子红葡萄酒、赤霞珠红葡萄酒和黑皮诺干白葡萄酒。

　　亚拉河谷则以黑皮诺葡萄及气泡酒最为有名，游客可以参观酒庄，顺道体验田园山野风光，沉浸在浓郁芬芳的酒乡之美中。

## 无国界佳肴

　　在澳大利亚这个移民国度，丰富多样的文化色彩也体现在食物上，所以，你不仅可以吃到来自英国、意大利、德国、美国等西方美食，中国、马来西亚、越南、泰国、日本这些东方美馔也会出现在餐盘中，甚至结合东、西方美食特色的创新佳肴，也日渐成为主流。五彩缤纷的食材搭配丰富多元的口感，结合了视觉与味觉的享受，在挑逗你的味蕾的同时，让"无国界"佳肴也成为体验澳大利亚风情不可或缺的要素。

# 最爱伴手礼
# 澳大利亚购物

澳大利亚由于环境纯净，所以生产的保养品、护肤品、保健食品特别受人们青睐。畜牧的绵羊众多，与羊相关的副产品也广受欢迎。不过有一些特殊的产品，像是袋鼠肉干、鳄鱼肉干、袋鼠造型的洋芋饼等，由于一般澳大利亚人并不常吃，所以普通便利商店、超市并不容易找到，如果非要买到尝鲜不可，只有在专为迎接游客的免税商店才有机会找到。

## 绵羊油

绵羊油是绵羊身上的一层油性分泌物，能对抗气候的变化，数千年前就有人类把它用在护肤上。澳大利亚畜牧业发达，绵羊油制品广受欢迎，产品种类繁多，除了面霜、身体润肤用品，也有护手霜、护唇膏等产品。除了基本款外，还有添加维生素 E、胎盘素、芦荟等不同成分的面霜，而且即使品牌相同，不同商店的售价也往往不同。不妨货比三家，最好还是试用一下，以挑选出最适合自己的产品。

## 羊毛制品

除了绵羊油，各式各样的羊毛制品也是游客来到澳大利亚的必买产品，例如羊毛外套、羊毛内衣、羊毛被、羊毛壁毯、羊毛垫等，一般纪念品店和随处可见的免税商店都有售卖。

### UGG 雪地靴

UGG 最早是冲浪者为了脚部保暖，请鞋匠以羊皮制造鞋子而发展出来的，既保暖又可保持干燥，尤其是长靴饰以羊毛的外形，一看就暖上心头，可谓冬季保暖最佳行头。

走在澳大利亚的街头，很容易看到 UGG 的身影，无论是品牌专卖店、纪念品店还是免税商店，都有 UGG 产品展售，款式与价格相当多样化，除了靴子外，也有腰带、包包等皮革制品。

### 保健食品

澳大利亚无污染的环境，也让它所出产的保健食品分外抢手，包括深海鱼油、蜂胶产品、袋鼠精、各种维生素等。光是蜂胶产品，就又分成胶囊锭、滴剂等形态，还衍生出牙膏、肥皂、乳液等副产品。

### 动物玩偶

澳大利亚特有的动物很多，包括树袋熊、袋鼠、神仙企鹅、袋熊等。因此澳大利亚各地的商店里，都可以看到这些动物不同造型的毛绒玩具，不但姿态、穿着、大小，就连产地都会影响价格。通常如果标明澳大利亚制造，价格都会是中国或印度尼西亚等地制造的两倍以上。

### 香氛精油保养品

澳大利亚出产的精油颇有口碑，茶树是澳大利亚特有的树种，因此以茶树打头阵的天然精油、香氛产品都成了消费者的最爱。另外，一些澳大利亚本土的香氛和保养品牌，像是 Aēsop、Jurlique、Perfect Potion、Mor 等，都强调其产品的天然性，颇受崇尚自然的爱美人士青睐。

### Tim Tam

到了澳大利亚才会发现它们是日常不可或缺的"国饼"，不必去超市，在便利商店就可以买到，而且口味众多，除了奶油巧克力味外，还有焦糖、覆盆子、香草太妃糖等口味。

Tim Tam 由澳大利亚的雅乐思（Arnott's）公司出品，是一种三层夹心的巧克力饼，滋味香甜，浓郁中带着爽脆，愈吃愈想吃。

### 澳大利亚小野人

在爱好摄影人士心目中颇有名气的澳大利亚小野人（Crumpler），是澳大利亚非常知名的包包品牌，被称为"小野人"。创立于 1992 年，最早以帆布邮差包发迹，因为设计简洁、色彩鲜明又结实耐用而大受欢迎，之后

又推出了一系列相机专用包、相机内袋、减压背带、后背包、行李箱等，都颇有设计感。市区之中有多家专卖店。

### 蛋白石

蛋白石（Opal）是由地球中的硅胶填满了地底下的裂隙而形成的天然珍贵宝石，而且非常奇特地集中出现在澳大利亚，可以说是上天送给澳大利亚的礼物。

蛋白石大致分为黑蛋白石（Black Opal）、砾岩蛋白石（Boulder Opal）和白蛋白石(White Opal)三大类，好的蛋白石本身颜色就多样而且不断变换，通过相机镜头很难表现出它浑然天成的美。

## Vegemite

在早餐桌上，经常会看见一罐黑黑的东西，包装看起来像果酱，但味道咸咸的，甚至有点臭臭的，这种 Vegemite 是一种酵母萃取物，属于啤酒制造过程中的副产品，据说营养丰富，澳大利亚人喜欢拿来涂在面包或饼干上。然而由于味道强烈，爱的人很多，讨厌的人退避三舍，情况类似纳豆或臭豆腐。若有机会不妨先尝尝看，再决定要不要带回家。

### 澳大利亚原住民回力镖

回力镖(Boomerang)是一种昔日澳大利亚原住民们用来打猎的工具，最大的特色是掷出去后还会飞回来。现在回力镖已经不再作为武器使用，但是镖身上缤纷亮丽的图腾，令人爱不释手。除了回力镖外，澳大利亚原住民特有的号角乐器，以及各式各样充满当地原住民色彩的相关产品，也是颇受欢迎的纪念品。

# 澳大利亚
# 世界遗产

　　澳大利亚虽是个年轻的国家，却拥有古老的大地，在联合国教科文组织（UNESCO）设立"世界遗产"之初，澳大利亚就已是 1975 年《世界遗产协约》的创始国之一。从 1981 年北领地的卡卡杜国家公园被列入《世界遗产名录》开始，截至 2012 年 12 月，澳大利亚已经拥有 18 个世界遗产。

### 1 卡卡杜国家公园
#### Kakadu National Park
● **1981 年，综合遗产**

　　占地面积达 22 000 平方千米的卡卡杜，是澳大利亚最大的国家公园，在此蕴藏着丰富的动植物生态及原住民生活的遗迹。

### 2 威兰德拉湖区
#### Willandra Lakes Region
● **1981 年，综合遗产**

　　威兰德拉湖区于 1981 年被列入《世界遗产名录》，原因是此区域保存有自更新世（Pleisto-cene，地质年代的专有名词，单位是世，时间距今 1 万 ~164 万年前之间）所形成的湖泊群和砂积层化石，以及 45 万 ~60 万年前人类在此活动的遗迹。在此也挖掘出许多完整的巨型有袋动物的化石。

### 3 塔斯马尼亚荒原
#### Tasmanian Wilderness
● **1982 年，综合遗产**

　　位于澳大利亚大陆南方的塔斯马尼亚岛上，荒原历经了冰河时期的洗礼，造就了陡峭的山脉和峡谷，其境内的公园及自然景观保留地共 1 万平方千米，是全球仅存的温带雨林之一。从山中的石灰岩洞发现的考古遗迹可证实，早在 2 万年前便有人类在此活动。

### 4 乌卢鲁·卡塔楚塔国家公园
#### Uluru-Kata Tjuta National Park
● **1987 年，综合遗产**

　　世界上最大的独立巨岩乌卢鲁（艾尔斯岩 Ayers Rock）和群岩卡塔楚塔（奥加斯岩 The Olgas）是澳大利亚中部沙漠两个最美丽的红色传奇。1987 年，乌卢鲁及卡塔楚塔，以神奇的地理景观和悠久的原住民文化，被列入《世界遗产名录》，和卡卡杜国家公园一样，现今的乌卢鲁已还给原住民，只作为观光用。

### 5 皇家展览馆和卡尔顿花园
### Royal Exhibition Building and The Carlton Gardens
- **2004 年，文化遗产**

　　皇家展览馆和卡尔顿花园是为了 1880—1888 年在墨尔本举办的国际展览会而特别设计的。展览馆以红砖、木材、钢铁和石板瓦建成，设计融合了拜占庭、罗马和意大利文艺复兴风格。

### 6 澳大利亚监狱遗址
### Australian Convict Sites
- **2010 年，文化遗产**

　　18、19 世纪之间，澳大利亚开始沦为大英帝国用来惩处罪犯的殖民地，当时关罪犯的监狱有上千座，如今被列入《世界遗产名录》的则有 11 座，主要位于悉尼、塔斯马尼亚岛、诺福克岛及西澳的费利曼图等地。在那个殖民年代，帝国主义者除了把罪犯流放到海外，也将罪犯视为庞大劳动力，用来开垦海外的殖民地。

### 7 悉尼歌剧院
### Sydney Opera House
- **2007 年，文化遗产**

　　在争议声中，澳大利亚最具知名度的地标性建筑——悉尼歌剧院，终于在 2007 年被列入《世界遗产名录》，也成为澳大利亚第 2 个文化遗产。落成于 1973 年的悉尼歌剧院，不论在建筑形状还是建筑结构上，都具有开创性的地位，当初设计歌剧院的丹麦建筑师 Jorn Utzon 从此名垂青史。

### 8 大堡礁
### The Great Barrier Reef
- **1981 年，自然遗产**

　　绵延昆士兰海岸线约 2 300 千米的大堡礁，总面积 35 万平方千米。由大大小小约 2 600 个珊瑚礁构成的大堡礁，同时孕育了 400 种海绵动物、300 种珊瑚、4 000 种软体动物和 1 500 种鱼类。

### 9 豪勋爵岛
### Lord Howe Island
- **1982 年，自然遗产**

　　豪勋爵岛是典型的孤立海洋岛群，是海底2000多米深处火山爆发的产物，群岛以壮观的地势景观及大量的稀有物种闻名，尤其是鸟类更是一绝。

### 10 冈瓦纳雨林
### Gondwana Rainforests of Australia
- **1986 年，自然遗产**

　　澳大利亚东海岸雨林处在澳大利亚东海岸的大断层上。冈瓦纳雨林以火山口盾形罩特殊的地质景观以及多样濒临绝迹的雨林物种著名，这些景观及雨林物种，对科学研究和自然保护具有重大意义。

### 11 昆士兰温热带雨林
### Rainforest of Queensland
- **1988 年，自然遗产**

　　位于昆士兰东北角的温热带雨林，是世界上最古老的雨林区，不仅有许多濒临绝种的动植物，它本身更像是一部地球的生态进化史。

### 12 鲨鱼湾
### Shark Bay
- **1991 年，自然遗产**

　　坐落在澳大利亚大陆西海岸最西处的鲨鱼湾，占地4800平方千米，四周被岛屿和陆地围绕着，它拥有全球最广最丰富的海草床，和世界上数量最多的儒艮。鲨鱼湾还同时保育5种濒临绝种的哺乳动物。

### 13 芬瑟岛
### Fraser Island
● **1992 年，自然遗产**

位于澳大利亚昆士兰省东方的芬瑟岛是全世界最大的沙积岛，全岛面积达 1840 平方千米，超乎一般人的想象。芬瑟岛的沙丘色彩缤纷，因为沙中所含的矿物质比例不同，因而除了黄色，还有赭色、茶色、红色，据知目前最古老的沙丘已有 70 万年的历史。

### 14 澳大利亚哺乳动物化石遗迹（里弗斯利 / 纳拉库特）
### Australian Fossil Mammal Sites (Riversleigh/Naracoorte)
● **1994 年，自然遗产**

位于澳大利亚东岸，是全球十大化石遗迹之一。澳大利亚哺乳动物化石遗迹主要分布在北部的里弗斯利和南部的纳拉库特两处。这些遗迹对澳大利亚的动物群生态演化做了详尽的记录。

### 15 麦夸里岛
### Macquarie Island
● **1997 年，自然遗产**

长 34 千米、宽 5 千米的麦夸里岛在澳大利亚南部海域，大约位于塔斯马尼亚东南方 1500 千米，刚好在澳大利亚与南极大陆的中间。

当印度—澳大利亚板块碰撞太平洋板块后，造成海底洋脊上升到今日的高度，因此麦夸里岛可以说是麦夸里洋脊露出海面的部分。该岛是地球上唯一一处不断有火山岩从地幔（海床以下 6 千米深处）冒出海平面的地方，也是重要的地质生态保护区。

### 16 赫德岛和麦克唐纳群岛
### Heard Island and McDonald Islands
● **1997 年，自然遗产**

赫德岛和麦克唐纳群岛位于澳大利亚南部海域，距南极洲约 1700 千米，离珀斯西南部约 4 100 千米。

这是唯一靠近南极的活火山岛屿，被人类誉为"开启一扇深入地球核心的窗户"，借以观察目前仍在不断发展的地貌及冰河动态。其保存价值在于未受到外来动植物的影响，并保存了丰富原始的岛屿生态系统。

### 17 大蓝山山脉地区
### The Great Blue Mountains Area
● **2000 年，自然遗产**

　　大蓝山山脉地区包括 7 个国家公园，以蓝山国家公园最为出名。本地区拥有广大的尤加利树林，所以空气中悬浮着大量尤加利树所散发出来的油脂微粒，在经过阳光折射之后，视野所及一片淡蓝氤氲，犹如身在不可思议的国度。

### 18 普尔努卢卢国家公园
### Purnululu National Park
● **2003 年，自然遗产**

　　普尔努卢卢国家公园坐落于澳大利亚西部，园区主要顺着班古鲁班古山脉规划。其地质结构是泥盆纪时期的石英砂岩，历经 2000 多万年不断的侵蚀，形成一连串蜂窝状的圆锥尖顶，在陡斜的山脉上可观察到因水的侵蚀而形成的黑灰色条纹。

# 悉尼

　　悉尼是澳大利亚第一大城市，也是世界上著名的国际大都市。其位于澳大利亚东南沿海，是欧洲在澳大利亚建立的第一个殖民聚落地。

　　在 18 世纪英国人登陆前，悉尼已有原住民居住数万年之久，经过 200 年的欧洲殖民，现代悉尼呈现的是层次丰富的都市风格；美食、艺术、动物、自然景观，任何新奇有趣的东西，都能在这里找到。

　　有别于其他国际大城市，悉尼在绚丽繁华的外表下，仍然保留了澳大利亚独有的温馨与赤子之情；不论徒步于宁静的岩石区、到悉尼鱼市场品尝海鲜、从圆环码头乘风出海……悉尼的魅力不仅在于举世闻名的悉尼歌剧院，还有街旁散发着咖啡香味的咖啡店，或是操着多种口音的出租车司机。不论何时何地，悉尼千变万化的多样风情，都静待你去亲自发掘。

# 悉尼交通

悉尼机场位于市区南边 10 千米处，第 1 航站楼为国际线，第 2 和第 3 航站楼（澳大利亚航空使用）为国内线，国内和国外航站楼距离约 2 千米，之间可乘坐接驳巴士 T-Bus 往来，车程约 10 分钟。

🔗 www.sydneyairport.com.au T-Bus

💴 单程 5.5 澳元；同时在国内、外航线办妥转机手续者，可免费搭乘

## 火车机场线

3 个航站楼都设有火车站，可搭火车直抵悉尼市中心；在国际线的第 1 航站楼大厅的最北端就是火车站。

🏠 停靠市区的中央车站、博物馆站、圣詹姆斯站、圆环码头站、温亚德站和市政厅站；从中央车站可再换搭其他列车到郊区

🕐 5:00-24:00，约 10 分钟 1 班，从机场到中央车站约 10 分钟

💴 单程全票 15 澳元、优惠票 10 澳元

🔗 www.airportlink.com.au

## 饭店机场巴士

饭店机场巴士主要联结机场与位于市区（如列王十字区、市中心及达令港）的多数饭店；从市区到机场如事先预约，也可以到饭店接送。

☎ (02)96669988

🕐 5:00-23:00，20~30 分钟 1 班

💴 机场到饭店全票 18.2 澳元、优惠票 11 澳元，饭店到机场全票 14 澳元、优惠票 11 澳元

🔗 www.kst.com.au

## 出租车

💴 搭乘出租车到市中心，乘客必须自付过桥与收费站的手续费，到市区 25~35 澳元

## 市区交通

### 巴士

　　分为一般巴士和免费巴士555号。

　　白蓝车身的巴士一般主要停靠站包括温亚德、约克街（维多利亚女王大厦前）、铁路广场和圆环码头，可在这4站购票并索取巴士路线图和时刻表，也可直接上车购票，上车从前门向司机买票，下车则前、后门下皆可。详细停靠站可上网查询。

　　绿色车身的免费巴士555号路线从中央车站经乔治街到圆环码头和伊丽莎白街，主要停靠站包括唐人街、市政厅、维多利亚购物中心、岩石区、圆环码头、悉尼博物馆等。

💰 一般巴士为区间制，1、2区（MyBus1）全票2澳元、优惠票1澳元，3~5区（MyBus2）全票3.3澳元、优惠票1.6澳元，6区以上（MyBus3）全票4.3澳元、优惠票2.1澳元

🕐 免费巴士555号周一至周五9:30-15:30（周四延长至21:00）、周六至周日9:30-18:00，每10分钟1班

🌐 www.sydneybuses.info

### 市区铁路

　　市区铁路（CityRail）是悉尼的大众运输工具之一，包括市内环状铁路和地铁。主要分为7条干线，遍及悉尼各地，但在部分路线的交会车站，游客要注意换乘的月台指示，以免迷失方向。在市区马丁广场、市政厅及圆环码头、列王十字区均有车站。另外，搭市区铁路还可以到邦迪海滩、奥林匹克公园、蓝山等地。

票价以区域来定，如果只是市区观光，购买区域1或2即可。区域1（MyTrain1）在10千米内，包括国会广场、国会剧院、派迪思市集、唐人街和悉尼娱乐中心、悉尼展览中心和悉尼会议中心、动力屋博物馆、港湾购物中心和通巴隆公园周边。

10~20千米为区域2（MyTrain2），也就是如果要到皮尔蒙特湾、国家海洋博物馆、皇城酒店、悉尼歌剧院、悉尼鱼市场、文特沃斯公园、罗泽尔湾，则要买区域2的票。另外，20~35千米为区域3（MyTrain3）、35~65千米为区域4（MyTrain4）、65千米以上为区域5（MyTrain5）。

车票可于各车站的售票柜台或售票机购买。单程和往返车票（MyTrain Single and Return）只在购票当天有效，另有一周票（MyTrain Weekly）、14日票（MyTrain Fortnightly）、一月票（MyTrain Monthly）、季票（MyTrain Quarterly）和一年票（MyMulti Yearly），可于有效期内无限次搭乘市区铁路。

💰 区域1全票单程3.4澳元、往返4.8澳元，优惠票单程2.2澳元、往返3.4澳元；区域2全票单程4.4澳元、往返5.9澳元，优惠票单程3.4澳元、往返4.4澳元。如在周一至周五9:00后、周六、周日和假日

购买往返票，则可购买回程打7折的Off-peak Return票

🌐 www.cityrail.info

### 高架地铁

高架地铁是畅游达令港与市区的最佳交通工具，主要以达令港与唐人街周边为主，因为行驶于高架，可从高处俯瞰市景，有市区、达令公园（可前往达令港）、港湾、悉尼会议中心、派迪思市集、世界广场和维多利亚艺廊等7个停靠站。

☎ (02)85845288

💰 全票4.9澳元、5岁以下儿童免费，一日票9.5澳元，与轻轨电车联票一日票15澳元、3日票30澳元

🕐 周一至周五7:00-22:00、周六、周日8:00-22:00，约5分钟1班

🌐 www.metrotransport.com.au

### 轻轨电车

从中央车站沿唐人街、派迪思市集、悉尼展览中心、悉尼会议中心、皇城酒店到悉尼鱼市场，是相当便捷的交通工具。

💰 1区内全票单程3.4澳元、往返4.8澳元，优惠票单程2.2澳元、往返3.4澳元；2区全票单程4.4澳元、往返5.9澳元，优惠票单程3.4澳元、往

返 4.4 澳元；与轻轨电车联票一日票 15 澳元、3 日票 30 澳元

🏠 www.metrotransport.com.au

### 悉尼渡轮

可于圆环码头搭乘，主要行驶于悉尼湾之间，最远可至悉尼北部的曼利，票价依区域而定。

💰 航程在 9 千米内的区域 1(MyFerry1) 全票 5.3 澳元、优惠票 2.6 澳元，9 千米以上的区域 2(MyFerry2) 全票 6.6 澳元、优惠票 3.3 澳元

🏠 www.sydneyferries.info

### 出租车

在主要的公共场所外都设有出租车招呼站，也可以在街上搭乘，空车在车顶上会亮起灯。在饭店内，可请服务人员叫车，但携带行李及电话叫车的客人须多付钱。

📞 ABC：132522

Legion：131451

Combined：133300

💰 6:00-21:59 起步价 3.4 澳元，每千米 2.06 澳元，车停时每分钟 0.889 澳元；夜间 22:00 至次日 5:59 起步价 3.4 澳元，每千米 2.472 澳元，车停时间每分钟 0.889 澳元；电话叫车皆加 2.3 澳元

### 水上出租车

不限人数、时间、地点载客。行驶于悉尼湾、圆环码头和达令港之间。

☎ (02)92117730

💴 从达令港到岩石区、圆环码头或歌剧院，大人 15 澳元、小孩 10 澳元；从达令港到悉尼鱼市场，大人 20 澳元、小孩 15 澳元

🌐 www.aussiewatertaxis.com

### 悉尼观光巴士

　　在一日内可以不限次数搭乘，在沿途的停靠站自由上下车，分成悉尼城市之旅和邦迪探险号，一票可以同时参加两个行程，前者停靠 24 站，重要的点包括圆环码头、维多利亚购物中心、市政厅、列王十字区、悉尼歌剧院、植物园、悉尼鱼市场、皇城酒店等；后者停靠 10 站，主要是前往邦迪海滩。

🏠 悉尼城市之旅从圆环码头出发、邦迪探险号从中央车站出发，可在出发点、车上和游客服务中心购票

🕐 全年无休；悉尼城市之旅每 15~20 分钟 1 班、邦迪探险号每 30~45 分钟 1 班；全程约 1.5 小时

☎ (02)95678400

💴 全票 35 澳元、优惠票 20~30 澳元

🌐 www.city-sightseeing.com

### 巴士 10 次乘车卡

　　于搭乘巴士时使用，上车时将卡插入车上的绿色插卡机即可使用 10 次。票卡价格依区域而定，如果只在悉尼市区内通行，购买 1~2 区卡即可。上车可以一次插卡 2 次，也就是两人可以共享一张卡。

　　车票可于车站的商店或自动售票机、市区铁路柜台购买。

💴 MyBus1 卡通行 1~2 区，全票 16 澳元、优惠票 8 澳元；MyBus2 卡可通行 3~5 区，全票 26.4 澳元、优惠票 13.2

澳元；MyBus3 卡通行 6 区以上全票 34.4 澳元、优惠票 17.2 澳元

🏠 www.sydneybuses.info

### 综合车票

可在有效期内无限次搭乘巴士、城市铁路、轻轨电车、悉尼渡轮和纽卡斯尔（Newcastle Ferry），综合车票（MyMulti）票价依区域而定，分成 3 区。一般在市区旅游，购买区域 1（MyMulti 1）即可。

车票分成日票、周票、月票、季票和年票，日票可以畅行全区域。日票和周票可于车站的商店、市区铁路柜台或自动售票机、渡轮柜台或自动售票机购买；日票也可于车上购买。

💴 日票全票 20 澳元、优惠票 10 澳元；一周票区域 1（MyMulti 1）全票 41 澳元、优惠票 20.5 澳元，区域 2 全票 48 澳元、优惠票 24 澳元

🏠 www.sydneybuses.info

### Iventure Card

🏠 票卡可于达令港（地址：191, Harbour Side Shopping Centre）和圆环码头车站楼下购买

☎ 1300366476

🏠 www.iventurecard.com

## 市区交通通行证

### 悉尼通行证

可以免费通行悉尼 40 个以上的博物馆、景点，如新南威尔士州美术馆、悉尼博物馆、悉尼水族馆、岩石区徒步之旅。分二日卡、三日卡和七日卡，自购买日起的 1 年内皆可使用。可以选择含交通及不含交通的卡；如果含交通的话，购买二日卡，可以获得两张 MyMulti 一日票，购买三日和七日卡，可以获得 1 张通行 2 区域的一周票。

💴 不含交通二日卡全票 155 澳元、优惠票 110 澳元，三日卡全票 189 澳元、优惠票 130 澳元，含交通二日卡全票 190 澳元、优惠票 129 澳元，三日卡全票 245 澳元、优惠票 159 澳元

### 悉尼 5 合 1 通行证

可以免费通行于悉尼市区约 15 个博物馆、景点，还可以免费用于郊区的 5 个景点或行程，如搭乘通行于蓝山国家公园的巴士，票卡自购买日起的 3 个月内皆可使用。

💴 全票 130 澳元、优惠票 89 澳元

# 漫游
## 澳大利亚

### 赏鲸通行证

包括 4 小时的赏鲸行程，以及国家海洋博物馆、中国花园、动力屋博物馆、悉尼水族馆、悉尼塔、悉尼野生动物世界等景点的免费门票。票卡自购买日起的 3 个月内皆可使用。

🎫 全票130澳元、优惠票89澳元

### 澳大利亚综合通行证

最新推出的一种可通行于全澳大利亚 5 或 7 个景点的通行证，可自悉尼、墨尔本、黄金海岸、布里斯班、阳光海岸、塔斯马尼亚的霍巴特和朗塞斯顿等地共 70 个景点当中任选 5 或 7 个免费通行。票卡自购买日起的 3 个月内皆可使用。

🎫 5 个景点全票 130 澳元、优惠票 89 澳元，7 个景点全票 180 澳元、优惠票 130 澳元

### 旅游咨询

### 悉尼游客服务中心

🏠 Level 1, Argyle St. 和 Playfair St. 的交叉口

☎ 1800067676

🕐 9:30–17:30（复活节前的周五及圣诞节休息）

🔗 www.therocks.com.au

# 精华景点

## 岩石区
### (The Rocks)

🏠 23 Playfair St., Rock Square, The Rocks

🚌 搭巴士 339、431、433 号于岩石区站下；或从中央车站搭市区铁路或免费巴士 555 号于圆环码头站下，步行 5~8 分钟可达；或搭免费巴士 555 号于岩石区站下

☎ (02)92476678

🕐 周一至周五 10:30、12:30、14:30，周六、周日和假日 11:30、14:00

💴 全票 32 澳元、优惠票 16~26 澳元

🔗 www.rockswalkingtours.com.au

岩石区是悉尼最热闹的地区之一，它虽被为数众多的商店、餐厅所包围，不过还是可在一些古老的英式酒吧，或斑驳的岩壁中看出埋在这里的一段历史。1787 年，来自英国的菲利普船长将这个首度落脚的港湾取名为悉尼湾，并带领随行的警卫与犯人在这块砂岩海角上扎营，自此开启了澳大利亚的新历史。

乔治街是岩石区的主轴，也是澳大利亚第一条街道，岩石区的范围大致以卡希尔高速公路和布拉德菲尔德公路为界线，一直延伸至港湾边。19 世纪初期，岩石区为悉尼最繁华的地区，建造有许多美丽的房子，之后船业运输兴盛，岩石区成为澳大利亚重要的商贸地区。

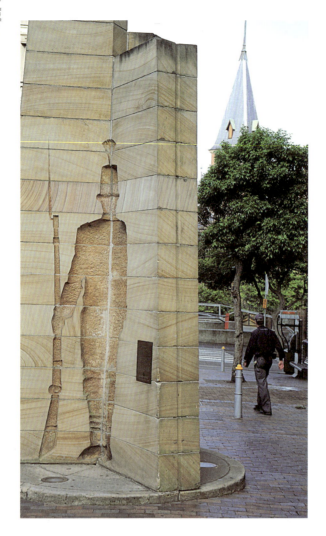

　　然而步入 20 世纪，特别是 1930 年悉尼港口大桥兴建之后，岩石区则陷入了贫穷、拥挤的恶劣居住环境，直到 20 世纪 70 年代悉尼湾管理局成立后，岩石区才逐渐重建为现今悉尼最受游客欢迎的景点。

　　游客来到这里，可以由熟知岩石区历史的导游带领，展开 90 分钟的岩石区徒步之旅，途中导游会利用许多精彩的故事将历史串联，同时也会介绍岩石区内的景点、美术馆、艺廊和英式传统酒吧。

**悉尼港口大桥**
(Sydney Harbour Bridge)

🏠 5 Cumberland St., The Rocks

🚌 搭巴士 339、431、433 号于道斯角站下车；或从中央车站搭市区铁路或免费巴士 555 号于圆环码头站下车，步行 10~15 分钟可达；或搭免费巴士 555 号于岩石区的乔治街站下车

☎ (02)82747777

● **攀爬悉尼港口大桥**

🏠 3 Cumberland St., The Rocks

☎ (02)82747777

💴 白天周一至周五全票 208 澳元（寻龙探胜攀 198 澳元）、优惠票 138 澳元，周六至周日全票 212 澳元、优惠票 142 澳元；夜晚周一至周日全票 188 澳元、优惠票 128 澳元；黄昏周一至周日全票 268 澳元、优惠票 188 澳元

🌐 www.bridgeclimb.com

MUST-VISIT PLACES 必游之地

　　被视为悉尼地标之一的悉尼港口大桥，不论你走在岩石区的哪个角落都可以望见它。悉尼港口大桥被悉尼人称为"Coat Hanger"，桥拱长 503 米、桥面长 1 149 米，由海面到桥拱最高处为 134 米，它虽不是全世界最长的，但是最宽的钢铁拱桥。

　　目前悉尼港口大桥肩负着悉尼湾交通枢纽的责任，再加上它绝佳的地理位置，观光价值与日俱增，"攀爬悉尼港口大桥"活动更是广受欢迎。爬桥有快速体验攀、寻龙探胜攀和桥攀之旅3种不同体验，主要分白天、晚上和黄昏3种时段，除了快速体验攀的爬桥过程为2小时15分钟，其余皆3.5小时。这种活动不论老少都可试一下身手，导游也会提供完善的安全设备和御寒衣服，还会一边讲解悉尼港口大桥的历史，一边讲笑话娱乐游客，在行进的过程中，游客往往会被眼前的景色所征服，而忘却了恐惧。

## 桥塔观景台 (Pylon Lookout)

🏠 Pedestrian Pathway on Cumberland St., The Rocks
🚌 同悉尼港口大桥
☎ (02)92401100
🕐 10:00~17:00
💴 全票 11 澳元、优惠票 6.5 澳元
🛍 www.pylonlookout.com.au

*星级推荐*

坎伯兰街上的悉尼港口大桥边有一道阶梯，顺着阶梯而上，可以抵达悉尼港口大桥的桥塔观景台。踏上这段路才发现原来大桥边已经开辟了一条行人专用道，道上有许多人来往，有的在慢跑，有的看起来是从桥的另一端走过来的，也有不少人正向桥的另一端前行。从桥身即可望见悉尼歌剧院美丽的身影以及桥梁上正在进行爬桥活动的人们，穿越悉尼的火车不时地从身旁"轰隆轰隆"而过，相当有意思。

桥塔观景台内部展示着建造悉尼港口大桥的过程、资料。观景台外的眺望角度也很棒，如果觉得爬桥价格实在太贵，这里是不错的选择。

造访过观景台后，如果还有余力，不妨顺着大桥继续散步到桥的另一端，换个角度来眺望悉尼也别有趣味。从塔桥观景台出发的桥上漫步大约需要 20 分钟。

## 卡德曼小屋
(Cadman's Cottage)

🏠 110 George St., The Rocks
🚌 搭巴士 339、431、433 号于岩石区站下；或从中央车站搭市区铁路或免费巴士 555 号于圆环码头站下，步行 5~7 分钟可达；或搭免费巴士 555 号于岩石区站下
☎ (02)92475033
🕐 周一至周五 9:30-16:30，周六至周日 10:00-16:30
💴 免费
🌐 www.nationalparks.nsw.gov.au

　　岩石区是澳大利亚最早的被开发区域，而始建于1816年的卡德曼小屋则是当年建来提供给船长居住的地方，1846年之后也陆续作为水警、水手们的住处，留存至今成了悉尼最古老的民居建筑。经过重建后，目前隶属于国家公园管理处管辖，2楼是管理处的办公室，1楼则开放给大众参观，内部保留着一些当时的建筑构造，对悉尼的发展有一定影响。小屋虽然位于人来人往的岩石区海岸街道旁，但静处一隅，不刻意寻找很容易错过。

## 圆环码头
(Circular Quay)

🏠 Circular Quay
🚌 搭巴士 422、423、470、518 号，或从中央车站搭市区铁路或免费巴士 555 号于圆环码头站下即达

　　悉尼港口的圆环码头，除了同时是各线渡轮总站、火车站、多线公交车的出发站，是举足轻重的交通枢纽外，东端海面上有悉尼歌剧院、西侧有悉尼港口大桥，坐拥悉尼最经典的景观，所以最高档的国际连锁饭店都乐意进驻圆环码头区域，并以拥有可同时俯瞰悉尼歌剧院和悉尼港口大桥的窗景为傲。

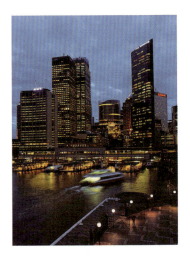

**悉尼
歌剧院**
(Sydney Opera
House)

 Bennelong Point
从圆环码头站下步行 6~8 分钟可达
(02)92507777
www.sydneyoperahouse.com

悉尼歌剧院不仅是悉尼艺术文化的殿堂，更是悉尼的灵魂，来自世界各地的游客每天络绎不绝，不论清晨或黄昏，不论徒步缓行或出海遨游，悉尼歌剧院随时为游客展现不同的迷人风采。

悉尼歌剧院是由丹麦建筑师 Jorn Utzon（约翰·乌松）所设计的，之后因复杂的设计和庞大的资金造成争议不断，才由澳大利亚建筑师接力完成，并于 1973 年开幕。其外形犹如即将乘风出海的白色风帆，与周围景色相映成趣。白色屋顶是由 100 多万片瑞典陶瓦铺成，并经过特殊处理，因此不怕海风的侵袭。屋顶下方就是悉尼歌剧院的两大表演场所——音乐厅和歌剧院，是全世界最知名的表演艺术中心之一。

音乐厅是悉尼歌剧院最大的厅堂，通常用于举办交响乐、歌剧、舞蹈、合唱等演出。此音乐厅最特别之处，就是位于音乐厅正前方，由澳大利亚艺术家所设计建造的大管风琴，它号称是全世界最大的机械木连杆风琴，由 10 500 支风管组成。

歌剧院稍小，主要用于歌剧、芭蕾舞和其他舞蹈演出，可容纳 1547 名观众。另外悉尼歌剧院还有一个小型戏剧厅和剧场，通常用于戏剧、舞蹈表演或举行讲座和会议。欲在悉尼歌剧院欣赏表演者，可以向悉尼歌剧院索取节目表并预先订位。

除了参观表演，也可以由专人带领参观悉尼歌剧院的主要厅院，并对歌剧院的历史、背景故事、建筑设计特色做一番详细的说明。导览之旅内容偶有调整，目前悉尼歌剧院所推出的导览活动包括基本重点导览、提供中文介绍的亚洲舞台之旅和含早餐的剧院后台之旅等。

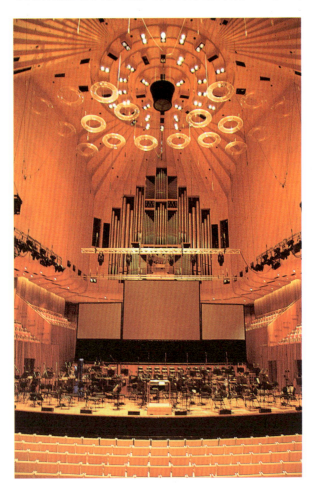

**悉尼塔和
天空漫步**
(Sydney
Tower & Sky
Walk)

🏠 100 Market St.
🚌 从中央车站搭市区铁路或免费巴士 555
号于 St. James 站下，步行约 3 分钟
可达；或搭高架地铁于市区站下，步行约 1 分
钟可达
☎ (02)93339288
🕐 9:00-22:30
💰 悉尼塔全票 25 澳元、优惠票 15 澳元，含天空漫
步全票 65 澳元、优惠票 45 澳元
🖥 www.sydneytowereye.com.au

必游之地

　　悉尼塔位于市区中心最繁华的商业区内，高达 305 米，
比悉尼港口大桥最高点还高两倍有余，无疑是观赏悉尼
市全貌的最佳地点，特别是晚上的绚丽城市灯景，伴随
悉尼港湾的沉静夜色，勾勒出这个澳大利亚最大城市的
繁华景象。

悉尼塔之上，有一个360°的观景台，透过大片环景玻璃墙以及多座高倍数的望远镜，所有景观一览无余，包括悉尼港口大桥、岩石区、悉尼歌剧院、圆环码头、海德公园、皇家植物园、维多利亚女皇购物中心等地都清楚可见。

此外，还可以体验天空漫步（Sky Walk），在专业人员的引导下，穿上特殊的安全装备，即可来到海拔250米高的看台外，更进一步亲近悉尼。为了增加刺激感，脚底下的地板被刻意设计成透明的，低头即可看到城市全景。

悉尼塔的入口位于韦斯特菲尔德购物中心的5楼，购票之后服务人员会引导游客进入4D效果的视听室，欣赏一场多重感官体验的悉尼介绍影片，之后再搭乘专用电梯直上观景台。

**皮特街
购物中心**
(Circular
Quay)

🏠 Pitt St.

🚌 从中央车站搭市区铁路或免费巴士 555 号于市政厅或 St. James 站下，步行约 1 分钟可达；或搭高架地铁于市区或维多利亚艺廊站下即达

🕐 10:00~18:00（各购物中心不一，一般周四会延长时间）

🌐 www.pittstreetmall.com.au

　　以悉尼塔旁的皮特街为中心，聚集了悉尼各大百货公司与购物中心，有超过 600 家的商店，因此有皮特街商场之称，包含了 Strand Arcade、Grace Bros、Sky Garden、Sydney Central Plaza、Westfield，以及邻近的 David Jones 与 Queen Victoria Building，保证能让游客满载而归。

　　Grace Bros.、Sky Garden、Sydney Central Plaza 都是现代化的购物中心，无论套装还是休闲服都可以在此找到。

**维多利亚购物中心**
(Queen Victoria Building, QVB)

🏠 455, George St.

🚌 从中央车站搭市区铁路于市政厅站下，或搭免费巴士555号于QVB站下即达；或搭高架地铁于市区或维多利亚艺廊站下，步行约3分钟可达

🕐 周一至周六9:00–18:00(周四延长到21:00)、周日11:00–17:00(1~2楼营业时间为12:00)，部分餐厅和咖啡馆会推迟营业时间

🌐 www.qvb.com.au

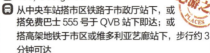

MUST-VISIT PLACES 必游之地

已有100多年历史的维多利亚购物中心（Queen Victoria Building）是悉尼最著名的购物中心，除了其具有历史价值的建筑物本身，还有约200家商店与餐厅，是时尚达人的必游之地。

　　于 1898 年完成的维多利亚购物中心是雄伟的罗马式建筑，当初兴建是为了纪念长久以来的君主统治，不过因为建造初期，适逢悉尼经济萧条，因此 QVB 特别雇用许多失业的工艺家、石匠、彩绘玻璃艺术家等进行设计。

　　这里最闻名的就是内部的彩绘玻璃和外部的铜制圆形屋顶；此外，邻近乔治街的大型彩绘玻璃窗户是悉尼古老盾徽的图案。位于维多利亚购物中心中央的 The Royal Clock 每个整点都会报时，它也是具有百年历史的纪念物。

　　QVB 包含地上 4 层以及地下 1 层，有各式各样的服装店、珠宝店、艺廊、化妆品店、饰品店、咖啡店、餐厅等。

**悉尼
水族馆**
(Sydney
Aquarium)

- Aquarium Pier, Darling Harbour
- 搭高架地铁于达令公园站下，步行 1~3 分钟可达；或搭悉尼渡轮于达令港站下
- (02)82517800
- 9:00-20:00( 最后入场时间为 19:30)
- 全票 35 澳元、优惠票 20~28 澳元，上网购票另有优惠；另有含 Wild Life Sydney、Sydney Tower Eye 和 Oceanworld Manly 不同组合的优惠联票，详见网站
- www.sydneyaquarium.com.au

由于悉尼水族馆建在达令港的下方，所以当你在参观时，需要步入海平面下观看水中生物，十分特别；澳大利亚的海洋生态资源相当丰富，悉尼水族馆中就有 600 多种海洋生物，包括大堡礁、深海区、塔斯马尼亚海域、岩岸区、红树林、悉尼港区等不同展览馆，各式各样的海洋生物让游客大饱眼福。

其中最受欢迎的是 146 米长的海底隧道，360°的全景透明玻璃，让你一入内便可体会置身海底的视觉享受，这里不仅是全球最长的海底隧道，同时也包含全球最多种类的鲨鱼。悉尼水族馆特设的海豹保育区，让游客能清楚观察海豹的生活方式与习性。

悉尼水族馆内巨大的大堡礁水族馆简直是海洋的缩影，游客透过大型玻璃可清楚看到里面的所有生物，包括 48 种珊瑚和超过 6 000 种的海底生物在这个水族馆中自得其乐。

**悉尼
鱼市场**
(Fish Market)

🏠 Bank St., Pyrmont
🚃 搭轻轨电车于悉尼鱼市场站下，步行
　　1~3 分钟可达
🌐 www.sydneyfishmarket.com.au

⭐ 星级推荐

　　悉尼鱼市场自 1989 年成立以来，已经成为仅次于日本东京筑地鱼市的全球第二大鱼货市场，每天供应来自澳大利亚各地、南太平洋及亚洲各国超过 100 种以上的各式海鲜。而这些海产经由著名的荷兰拍卖系统，从悉尼鱼市场送往澳大利亚各地或出口至其他国家。

　　鱼市场公开标售从周一至周五 5:30 开始，在此可参观悉尼丰富的海产鱼量及标售盛况，以及此系统著名的拍卖时钟。

　　在阳光下的海风中享用澳大利亚美酒与生猛海鲜，是悉尼鱼市场最引人入胜的魅力，最重要的是便宜又量多。悉尼鱼市场内共有 8 家不同的餐厅，其中几家同时兼具生鲜市场和餐厅的功能，除了可自行购买原料回家烹煮外，也可先在餐厅里挑选好美食，再到旁边商店选一瓶葡萄酒，前往港边的露天餐座，迎着海风品尝。

**皇家植物园**
(Royal Botanic Garden)

🏠 Mrs. Macquarie's Rd.

🚍 从中央车站搭市区铁路或免费巴士 555 号于 Martin Place 站下，步行约 10 分钟可达

☎ (02)92318111

🕐 10 月 7:00-19:30，11 月至次年 2 月 7:00-22:00，3 月 7:00-18:30，4 月、9 月 7:00-18:00，5 月、8 月 7:00-17:30，6 月、7 月 7:00-17:00；免费导览行程 3 月至 11 月周一至周五 10:30、13:00，全程约 1.5 小时

🌐 www.rbgsyd.nsw.gov.au

位于市中心的皇家植物园占地 30 万平方米，建立于 1816 年，可以说是一片美丽的绿洲。植物园里不但有热带植物景观，还有一个环抱花园的餐厅，在这里散步、享受阳光是最舒服的事。3—11 月园方提供免费的导览服务，其中玫瑰花园、南太平洋植物区、热带植物中心（需付费）值得重点参观。

## 维多利亚街
### (Victoria St.)

⌂ Victoria St., King's Cross
🚇 从中央车站搭市区铁路于列王十字站下即达

列王十字区近年来朝着时尚的方向发展，就连悉尼人都自称它有如伦敦的商业区。维多利亚街（Victoria St.）上有一整排独具特色的咖啡馆，像是Tropicana、Coluzzi、Cafe Fellini等，短短的一条街充分表现出悉尼人的咖啡文化。每家咖啡店的店面不大，但街上的小木箱也可以成为咖啡座，据说，这些木箱原是装牛奶的箱子，但因为店里常常客满，悉尼人也就将它当成椅子，久而久之，反而成为这儿的特色。

## 麦夸里
## 夫人角
### (Mrs. Macquarie's Chair)

⌂ End of Mrs. Macquarie's Rd.
🚇 从中央车站搭市区铁路于 St. James 站下，沿 Art Gallery Rd. 接 Mrs. Macquarie's Rd.，步行 20~25 分钟可达
☎ (02)92318111
🕐 7:00 至日落
🌐 www.rbgsyd.nsw.gov.au

星级推荐

位于皇家植物园东北顶端的麦夸里夫人角，被称为悉尼最棒的拍照地点，因为从这个角度望过去，悉尼歌剧院与悉尼港口大桥连在一起，两大代表性地标可同时入镜。以前这里属于总督夫人伊丽莎白麦夸里的专属赏景地，为了让她舒服地欣赏美景，甚至把一块天然岩石削成长凳的造型，独特的地名也因此而来。

**新南威尔士州美术馆**
(Art Gallery of New South Wales)

🏠 Art Gallery Rd., The Domain

🚌 搭巴士 441 号于新南威尔士州美术馆下车；或从中央车站搭市区铁路或免费巴士 555 号于 Martin Place 或 St. James 站下，步行约 10 分钟可达

☎ (02)92251744

🕐 10:00–17:00(周三延长至 21:00)；周二至周日 11:00、13:00、14:00 有免费导览（中文导览：周四 11:00)

💴 免费（部分临时展除外）

🌐 www.artgallery.nsw.gov.au

❗ 馆内有新南威尔士州的起源，这里虽然并非澳大利亚最大的美术馆，但也收藏了不少澳大利亚最精致的艺术品，原住民美术馆是该馆最吸引游客的一个特色展馆

新南威尔士州美术馆共有 5 层楼，顾名思义，也是澳大利亚艺术的精华所在，包含 19、20 世纪的澳大利亚艺术，以及 15—19 世纪的欧洲艺术。由于澳大利亚历史文化发展仅两个世纪，艺术也多受欧洲影响，初期澳大利亚艺术更多见英国艺术之影子，呈现移民文化的特色。

其他楼层还有亚洲艺术以及临时展览区，经常展出各式各样艺术作品，同时收藏了中国、日本和东南亚各国的艺术品，也有 20 世纪欧洲艺术品和英国艺术品以及当代艺术展区和摄影展览区。

**牛津街**
(Oxford St.)

🏠 Oxford St.

🚌 从中央车站搭市区铁路或免费巴士 555 号于博物馆站下，步行 3~10 分钟可达

享誉盛名的牛津街，是悉尼的购物中心之一。想要从头到尾将整条牛津街逛一圈，要花一天的时间。自利物浦街开始的一段，以餐厅、酒吧和俱乐部为主，其中不乏同性恋的专属玩乐地。

**潘汀顿市集**
(Paddington Market)

⌂ 395 Oxford St., Paddington

🚌 从中央车站搭巴士 378 号于 Oxford St. 接近 Elizabeth St. 站下，步行约 1 分钟可达；或搭巴士 380 号于 Oxford St. 接近 Paddington Primary 站下即达

☎ (02)93312923

🕐 周六 10:00–17:00

🌐 www.paddingtonmarkets.com.au

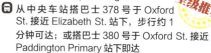

位于牛津街的潘汀顿市集，已成为悉尼顶尖的时尚周末市集，这里和岩石区市集最大的不同在于岩石区多售卖纪念品，潘汀顿则多为时尚服饰。

潘汀顿市集以圣约翰教堂为中心，共有 200 多个摊位散布周围，除了各式各样的艺术品外，多样化的服饰是潘汀顿市集的一大特色。不论是个性 T 恤、家居服、套装，或是缀满亮片的礼服、搭配单品、性感内衣，都相当具有特色，许多还是新锐设计师的自创品牌。

**邦迪市集**
(Bondi Market)

🚌 从圆环码头的海关大楼对面、靠近 2 号码头的 Alfred St. 搭巴士 333、380 号可达，车程约 45 分钟；或搭市区铁路于 Bondi Junction 站下，再搭巴士 333、380、381、382 号到海滩，车程约 15 分钟

☎ (02)93158988

🕐 周日 10:00–16:00

🌐 www.bondimarkets.com.au

邦迪市集一开始是居住在邦迪海滩小区的居民利用周日在此交换或售卖彼此收藏品的地方，随着这里聚集了越来越多的艺术家与喜欢海滩的嬉皮士，邦迪市集也发展得越来越有规模。

这里的东西与潘汀顿市集有些不同，多数是售卖自己创作的工艺品，像是珠宝、鞋子、婴儿的可爱衣服、手工蜡烛等；二手货的摊位则多为复古的衣服、鞋子、皮包或仿古家具，价格中等。

## 皇后街
**(Queen St.)**

🏠 Queen St., Woollahra

🚇 从中央车站搭市区铁路于 Bondi Junction 站下，步行 12~15 分钟可达，或再搭巴士 200 号于 Ocean St. 接近 Queen St. 站下即达

位于乌拉娜内的皇后街是条优雅的街道，虽然与牛津街相邻，但气氛完全不同。皇后街以生活用品店和设计师品牌店为主，每个店面都设计得十分有品位，像是专卖家具与家饰的 Orson & Blake、专门以"花"为主题的 Arte Flowers，都将美丽的颜色与质量带入日常生活中。而 Lisa Ho、Akira Isogawa、Nicola Finetti 等设计师品牌，都可在此找到。

邦迪海滩
(Bondi Beach)

🚌 从圆环码头的海关大楼对面、靠近 2 号码头的 Alfred St. 搭巴士 333、380 号可达，车程约 45 分钟；或搭市区铁路于 Bondi Junction 站下，再搭巴士 333、380、381、382 号到海滩，车程约 15 分钟

🌐 www.bondivillage.com

　　邦迪海滩历史悠久，是澳大利亚最著名的冲浪海滩之一，冲浪者是这里的常客，可以看到本地人与邦迪海滩不可分离的悠闲生活方式。

　　邦迪海滩一向是悉尼人最爱晒太阳、戏水弄潮与冲浪的地点之一，气氛有点慵懒又有点嬉皮，近年来有越来越多有趣的商店在此开业，从个性小店、专卖冲浪用具的器材店到餐厅、服饰店等，让这里除了成为阳光度假胜地，也是一个充满乐趣的购物天堂。

# 周边景点

## 猎人谷花园
(Hunter Valley Gardens)

🏠 Broke Rd., Pokolbin
🚗 从 Cessnock 开车走 Wine Country Drv.，左转 Broke Rd. 可达
☎ (02)49984000
🕐 9:00~17:00
¥ 全票 24 澳元、优惠票 12~20 澳元，游览小花园全票 7 澳元、优惠票 5 澳元
🌐 www.hvg.com.au

占地 25 万平方米的猎人谷花园是新南威尔士州最大的迷宫花园，整个花园设计有十来种不同的花园，如玫瑰园、意式花园、日本庭园、英式庭园、童书花园……游客可在这里欣赏来自全世界各式风情的庭园设计。

在这些庭园中，最具创造力的就属于童书花园，其以著名的童话故事——《爱丽丝梦游仙境》的故事为脚本，将故事内的人物制作成与人一样大的模型，每个人物模型前都有一本放大的故事书模型，呈现当页的故事场景，活生生地将故事呈现在现实生活中。在这里，游客可以随意逛逛，或是参加园内特别安排的徒步导览之旅，也可坐上游园小火车，以最轻松的方式游览这个世界。

# 蓝山国家公园
## (Blue Mountain Park)

- 可从悉尼中央车站搭 CityRail 以前往目的地，于 Lapstone、Glenbrook、Wood-ford、Lawson、Bullaburra、Wentworth Falls 或 Katoomba 等镇下车
- ☎ 131500
- 悉尼到 Glenbrook 车程约 1 小时，到 Katoomba 约 2 小时。每日班次频繁
- 蓝山位于区域 5，需购买 MyTrain5，全票 7.8 澳元、优惠票 2.5~3.9 澳元
- www.cityrail.info

### ● 三姐妹岩与回声角瞭望台
- 搭 Blue Mountains Explorer Bus 于 Echo Point-The Three Sisters 站下

### ● 景观世界
- Violet St. 和 Cliff Dr. 交叉口
- 搭 Blue Mountains Explorer Bus 于 Scenic World 站下
- ☎ (02)47800200
- 9:00-17:00
- Scenic Pass 全票 28 澳元、优惠票 14 澳元（含 Scenic Skyway 往返、Scenic Railway 单程、Scenic Walkway 单程和 Scenic Cableway 单程等费用），Valley Return 全票 21 澳元、优惠票 10 澳元（含 Scenic Railway 单程、Scenic Walkway 单程和 Scenic Cableway 单程等费用），Skyway Return 全票 16 澳元、优惠票 8 澳元（含 Scenic Skyway 往返费用）；也可购买含 Blue Mountains Explorer Bus 的 Lyrebird Pass 联票
- www.scenicworld.com.au

### ● 劳拉小镇
- 搭 Blue Mountains Explorer Bus 于 Leura Village 站下

蓝山国家公园是澳大利亚世界遗产——"大蓝山区域"内 7 个国家公园中最出名的一个，因为它拥有广大的尤加利树林，空气中经常飘浮着大量由尤加利树所散发出的油脂微粒，经过阳光折射之后，一片淡蓝氤氲引人入胜。

蓝山以广阔的自然景观著称，因此有许多热爱大自然的澳大利亚人来此地健行，这类的健行大致属于大众路线，只要穿上适当的衣服与简单的装备，就可上路。路程从 1 小时到整天都有，难易程度可根据自己的情况选择。此外，整个山区散落着许多小镇，如果是自驾游，不妨前往寻幽，相信一定会有意外的收获。

### 三姐妹岩与回声角瞭望台

　　三姐妹岩可以说是蓝山国家公园最具代表性的景点，当地原住民对它有这样的传说：回声角这个地方从前住着非常美丽的三姐妹，但是过人的容貌引起了魔王的觊觎，想把她们占为己有，三姐妹得知后，惊慌地向法师求援，法师便暂时将她们变为岩石，以逃避魔王的魔掌。然而，三姐妹虽然逃过灾难，法师却遭魔王毒手，所以她们无法还原成人形，必须永远伫立在回声角眺望远方。

　　回声角瞭望台便是游客观赏三姐妹岩的最佳地点，同时也可欣赏整个蓝山的壮观景致。瞭望台旁有游客服务中心，服务中心后方的步道则会引领你到三姐妹岩。

### 景观世界

　　"景观世界"绝对是来蓝山不能错过的景点，因为游客可以用不同的方式和角度欣赏蓝山风采。也可以轻松地漫步于约3千米的健行步道，穿梭于充满自然风情

的侏罗纪雨林，以双脚感受蓝山最清新的一面；也可以搭乘轻便缆车穿越隧道和雨林，循着2千米的木板路，欣赏贾米森谷和三姐妹的优美身影，并步行于山谷丛林间，听着虫鸣鸟叫，享受自然；还可以选择空中缆车，居高临下欣赏蓝山万千美景。空中缆车的设计是在720米长的车程中，将缆车底部开放为透明玻璃，只要站在车上就可欣赏270米深的山谷、溪流、瀑布等风光，景致令人叹为观止。

### 劳拉小镇

进入蓝山国家公园的景区前，游客一般都会选择在劳拉小镇停留个把小时，这个听起来就很梦幻的山中小镇，以餐厅、艺廊和精品店、具有历史的建筑物和美丽的花园吸引了游客的目光。虽然是短短的一条街，但每家商店都十分具有特色，再加上路两旁的树开满了花，真是让人好似置身在童话般的浪漫国度。

**恩纯斯镇
纪念公园**
(The Entrance
Memorial
Park)

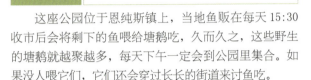

🏠 Marine Parade, The Entrance

🚗 从悉尼或纽卡斯尔开车走 F3 公路约 1
小时可达

☎ (02)43335377

🕐 塘鹅秀 15:30

🌐 www.theentrance.org/attractions/memorial_
park.html

必游之地
MUST-VISIT PLACES

　　这座公园位于恩纯斯镇上，当地鱼贩在每天 15:30
收市后会将剩下的鱼喂给塘鹅吃，久而久之，这些野生
的塘鹅就越聚越多，每天下午一定会到公园里集合。如
果没人喂它们，它们还会穿过长长的街道来讨鱼吃。

　　后来有义工将每天剩下的鱼收集起来，再在固定时
间喂给塘鹅，同时为现场观众进行解说，因而产生了今
日的塘鹅秀。每只站立起来比小孩还高的塘鹅，整齐地
朝着同一个方向站好，看起来十分壮观。

## 史蒂文斯港
(Port Stephens)

🚗 从悉尼开车走 Newcastle Freeway (F3) 公路到头，接 Pacific 公路到 Hexham 后，跨过大桥后右转即达，车程约 2.5 小时；或从悉尼中央车站 Eddy Ave. 搭 Sydney Express 巴士前往尼尔森湾，车费全票 59 澳元、优惠票 45 澳元；或从悉尼搭火车到纽卡斯尔，再转乘到尼尔森湾的巴士 130 号

● **史蒂文斯港旅客中心**
☎ (02)49806900
🖥 www.portstephens.org.au

*星级推荐*

史蒂文斯港是以尼尔森湾为主的海湾，是新南威尔士州的一个天然海港，也是悉尼市民与外国游客最喜欢的度假胜地，其优美的自然生态环境是游览悉尼市区之后的另一最佳去处。这里有许多有趣的活动可以参加，如赏豚、滑沙、潜水、品尝生蚝大餐等。

史蒂文斯港被喻为澳大利亚海豚的故乡，许多海豚聚集于此，使得赏豚成为史蒂文斯港最受欢迎的旅游节目。经验丰富的船长会在海豚经常出没的地点，带领乘客寻找它们的踪迹。尼尔森湾有许多游艇公司推出赏豚之旅，有专门为观赏海豚设计的甲板、船顶露天甲板和室内空调舱房。

除了海豚之外，史蒂文斯港也可以看到鲸鱼，赏鲸季节从 5 月中旬开始一直到 11 月，游船公司会推出 3.5 小时的赏鲸之旅。

此外，史蒂文斯港的生蚝远近闻名，是老饕们大快朵颐的天堂，到生蚝养殖场不仅可以参观蚝类的采捕与后续处理过程，还可以直接品尝最新鲜美味的生蚝。这里是悉尼与外销的生蚝主要供应处之一。

## 滨海景观公路
(Scenic coast)

 Scenic Coast
🕐 全天
¥ 免费

这段从斯坦韦尔公园沿着海洋一直往南到卧龙岗的滨海公路，是新南威尔士州的大洋路，沿岸有白色的沙滩、壮观的悬崖和一些美丽的豪宅别墅，是悉尼人周末放松身心的好地方。

## 南天寺
(Nan Tien Temple)

🏠 180 Berkeley Rd., Berkeley
☎ (02)42720600
🕐 周二至周日和假日 9:00–17:00（周一休息）
🌐 www.nantien.org.au

在斯坦韦尔公园前方的制高点——秃山，除了可观赏到滨海公路壮观的景致，还是享誉国际的飞行伞训练台。在气候允许的早上，可看到穿着飞行伞装备的人在此小试身手，体验驾着飞行伞往下滑行的乐趣。

由星云大师所创办的南天寺，是南半球最大的寺庙，近来也成为卧龙岗郊区的重要景点。南天寺的建筑颇为壮观，有前堂与主坛、香炉博物馆和花园。这里提供有静坐、素食烹饪教室、太极和佛学课程，另外还有一栋设有 100 间客房的现代大楼，作为前来拜佛或参观的游客的住宿点。大多数游客可在其餐厅享用到美味的素食料理。

**詹伯鲁休闲公园**
(Jamberoo Action Park)

🏠 1215 Jamberoo Rd., Jamberoo
🚌 可先从悉尼搭火车到 Kiama 车站，再搭 Jamberoo Bus 前往，10:00 出发、10:30 抵达园区，车费 3~5.1 澳元
☎ (02)42360114
¥ 全票 39 澳元、优惠票 31 澳元
🌐 www.jamberoo.net

　　各式各样的水上设施与游乐场，让詹伯鲁休闲公园成为儿童的玩乐天堂。因为需花费一整天的时间游玩，游客多以澳大利亚当地人为主，里面大型的滑水道和游泳池总是挤满戏水的儿童。

　　一旁的金巴如花场是制造干花为主的大型仓库，里面多是以自然烘干法做成的干花展示品，同时也示范制作干花的过程，让有兴趣的游客了解做干花的乐趣。此外在展示中心内还售卖多种精油、乳液、护手霜等，是一处购物的好地方。

# 住在悉尼

### 悉尼四季酒店
Four Seasons Hotel Sydney
★★★★★
- 🏠 199 George St.
- ☎ (02)92503100
- 💰 双人房每晚 315 澳元起
- 🌐 www.fourseasons.com/sydney

悉尼四季酒店因位于圆环码头、岩石区与中央闹区的交通要道上，可以说是占据悉尼最佳的地理位置。这里拥有 531 间客房，是目前世界上所有四季酒店里面房间数最多的一家，分布在 34 层楼高的建筑里，大多数客房或套房的窗景就是闪亮的悉尼港，左拥悉尼港口大桥、右抱悉尼歌剧院，景观无敌。

### 悉尼洲际酒店
InterContinental Sydney
★★★★★
- 🏠 117 Macquarie St.
- ☎ (02)92539000
- 💰 双人房每晚 270 澳元起
- 🌐 www.sydney.intercontin-ental.com

位于悉尼港湾的洲际酒店，轻松散步就可以抵达悉尼歌剧院、皇家植物园，而且本身即是一座风味十足的历史建筑，建于 1851 年。美国前总统布什、巨星妮可基德曼、席琳·迪翁等皆曾下榻于此。位于顶楼的酒吧，拥有360°的全方位视野，整个悉尼港景一览无余。

### 悉尼希尔顿酒店
Hilton Sydney
★★★★★
- 🏠 488 George St.
- ☎ (02)92662000
- 💰 双人房每晚 259 澳元起
- 🌐 www.hiltonsydney.com.au

虽然打着老字号希尔顿的名号，但悉尼希尔顿酒店绝对让人耳目一新。从它简洁优雅的设计，不难看出酒店迎合时尚潮流的企图；工作人员虽然全面年轻化，但所呈现的细腻服务，又让人印象深刻。晚上有时间别忘了到希尔顿玻璃小酒馆用餐，这家由纽约知名设计师 Tony Chi 所设计的餐厅，可以让你透过整片落地窗欣赏到"维多利亚购物中心"的优雅风貌，而融合东西方特色的 Fusion Cuisine 佳肴，更令人深深满足与回味。

## 喜来登福朋酒店
### Four Points by Sheraton Darling Harbour
★★★★★
- 🏠 161 Sussex St.
- ☎ (02)92904000
- 💴 双人房每晚 210 澳元起
- 🌐 www.starwoodhotels.com

　　位于达令港旁的喜来登福朋酒店拥有极佳的地理位置，不论晨昏，都能将港湾美景一网打尽；不管到维多利亚购物中心或是唐人街，只要 10 分钟的路程即可抵达。630 间客房提供舒适的住宿空间，还有完善的会议中心、健身中心可以使用；晚上可以到 Dundee Arms 酒吧坐坐，欣赏悉尼绮丽的夜晚。

## 悉尼韦伯酒店
### Vibe Hotel Sydney
★★★★
- 🏠 111 Goulburn St.
- ☎ (02)82723300
- 💴 双人房每晚 155 澳元起
- 🌐 www.vibehotels.com.au

　　悉尼韦伯酒店的外观是栋不起眼的大楼，一进去却是别有洞天，明亮的大厅摆着色彩鲜艳的沙发座椅，一尊白色的弥勒佛成为最抢眼的一景。房间小巧精致，同样以绿色、红色和白色等鲜明色彩作为主色调，再以简单时尚的家具予人温馨的居家感。虽然是精品旅馆，但餐厅、健身房、泳池、会议室设施一应俱全。另外，这里离唐人街、牛津街很近，步行可达。

## 克肯顿酒店
### Kirketon Hotel
★★★★
- 🏠 229 Daringhurst Rd., Darlinghurst
- ☎ (02)93322011
- 💴 双人房每晚 140 澳元起
- 🌐 www.kirketon.com.au

　　同属一个集团的克肯顿酒店，创造了悉尼酒店的一种新的设计观，以及个性的生活形态。除 40 间客房外，还有两家餐厅及两间酒吧，提供给下榻游客另一种摩登澳式味觉享受。冷峻的造型风格，稍显幽暗的灯光，出自名师之手的家具、挂饰充满酒店的公共空间，进入客房之后，明亮的

空间，简洁线条的家具，又让人感到十分温馨。

## 格连摩尔酒店
### Glenmore Hotel
- 🏠 96 Cumberland St., The Rocks
- ☎ (02)92474794
- 🌐 www.glenmorerooftop-hotel.com.au

　　从街上看，不过是一家看得出有历史痕迹的老酒店，但是来到屋顶上，则另有一番风光。被高楼大厦环抱的空间里，可以俯瞰悉尼港湾、悉尼歌剧院与悉尼港口大桥，是非常受悉尼人欢迎的屋顶啤酒园。建成于 1921 年的格连摩尔酒店至今仍保有第二次世界大战前的浓郁英国气息，建筑本身虽然古老，但整体气氛年轻、活跃。

## 悉尼天文台酒店
### The Observatory Hotel Sydney
- 🏠 89-113 Kent St.
- ☎ (02)92562222
- 🌐 www.observatoryhotel.com.au

　　悉尼天文台酒店距离闹市区有一些距离，因此气氛格外宁静，共有 96 间客房或套房，有些房间有阳台，可以俯瞰悉尼的黄昏美景。健身中心、室内罗马造型泳池、温泉、SPA 水疗等休闲设施齐全。2011 年被 *Condé Nast Traveller* 杂志读者票选为"大洋洲地区最佳酒店"第一名。

## 醒醒酒店
### Wake Up！
- 🏠 509 Pitt St.
- ☎ (02)92887888
- 💴 双人房每晚 95 澳元起、4 人房每人每晚 40 澳元起
- 🌐 www.wakeup.com.au

　　与中央车站只有一条大道相隔，矗立着一幢颇具规模的红砖建筑，从它恢宏的外观气势实在看不出来居然是价格平易近人的廉价旅馆。这里提供双人房、4 人房、6～10 人的通铺等，环境相当整洁，安全管理也自成体系，再加上中央车站就在附近，交通非常方便，以质量而言可以说是物超所值。每天 11:00 还会有专人带领房客游览悉尼。

## 悉尼中央国际青年旅舍
### Sydney Central YHA

- 🏠 11 Rawson Place，Pitt St. 和 Rawson Place 交叉口
- ☎ (02)92189000
- 💲 每人每晚 37 澳元起
- 🌐 yha.com.au

　　国际青年旅社（简称 YHA）在悉尼为数众多，市区与近郊加起来共有 10 家，光是中央车站附近就会看到好几家挂着 "YHA" 的醒目招牌。其中这家悉尼中央国际青年旅舍，位于中央车站的旁边，交通方便，建筑本身是一幢具有历史性的建筑，提供双人房、4~6 人的通铺。因为属于 YHA 管理系统，环境与安全都有一定的保障。连续 3 年获得澳大利亚旅游局颁奖，号称五星级的 YHA。

## 迷宫背包客栈
### Maze Backpackers

- 🏠 417, Pitt St.
- ☎ (02)92115115
- 💲 每人每晚 24 澳元起
- 🌐 www.mazebackpackers. com

　　迷宫背包客栈是价格低廉的住宿地，有男女通铺，也有独立的单人房、双人房等，价格相当便宜，但是设备也相对简陋，必须到公共浴室里盥洗，所有的盥洗用品需自备。虽然不提供早餐，但是晚上有时会有免费的简餐可吃，最适合节俭的旅行者。交通方便，距离皮特街的购物区、乔治街闹市区、唐人街、达令港都很近，距离中央车站也只有 10 分钟路程。如果以便宜、交通方便为前提，可以考虑。

## 蓝色悉尼酒店
### Blue Hotel

- 🏠 6 Cowper Wharf Rd., Woolloomooloo
- ☎ (02)93319000
- 💲 双人房每晚约 212 澳元起
- 🌐 www.tajhotels.com/Blue

　　蓝色悉尼酒店原名 W Hotel，本来是一座码头仓库，从外观很难发现它是一家酒店，由于没有员工制服，只能由是否挂有无线电耳机来判别是否为服务人员。在百间的客房之中，有 36 间是附有阁楼的，新鲜感十足，楼下为小客厅、书桌、卫浴设备等，卧室在阁楼上，上下皆可眺望到码头晨昏的景致。

## 瑞士格兰德温泉度假村
### Swiss-Grand Resort and SPA Bondi Beach

- 🏠 Campbell Parade 和 Beach Rd. 交叉口
- ☎ (02)93655666
- 💲 双人房每晚约 259.2 澳元起
- 🌐 www.swissgrand.com.au

　　度假村俯视着邦迪海滩的美景，眼前一片沙滩绵延展，常见冲浪者悠闲地漫步，或是下海与海浪追逐。203 间客房的设计与摆设结合摩登前卫与沉稳古典的风格，并且结合邦迪海滩特有的好山好水。

# 吃在悉尼

## 码头
### Quay

 3F, Overseas Passenger Terminal, The Rocks

☎ (02)92515600

🌐 www.quay.com.au

　　位于岩石区港边海外客运航站3楼的Quay，窗外正对着悉尼港口大桥，另一边可眺望悉尼歌剧院，用餐观赏绝佳。主厨是在澳大利亚颇享盛名的Peter Gilmore，擅长创意变化，让Quay备受推崇，年年获奖无数。这里也是澳大利亚连续10年冠上3顶厨师帽的餐厅之一，获得"澳大利亚最佳餐厅"的美誉。

## 野火
### Wildfire

🏠 Overseas Passenger Terminal, The Rocks

☎ (02)82731222

🌐 www.wildfiresydney.com

　　2002年开业即获得"悉尼最佳新餐厅"的Wildfire，挑高的天花板搭配透明窗户，将悉尼歌剧院雨港湾的景观尽览。"火"和"冰"是Wildfire的烹饪元素，"冰"代表的是海鲜吧上来自全澳最新鲜的海鲜，"火"则是大型开放式厨房中的原木烤炉，上面放满许多串在铁架上的新鲜肉串与海鲜，拉丁和地中海风格佳肴伴随着烧烤出来的原木味弥漫了整个餐厅。

## Phillip's foote

🏠 101 George St., The Rocks

☎ (02)92411485

🌐 www.phillipsfoote.com.au

　　Phillip's foote是一家自助式烧烤餐厅，建筑本身曾是水手吧、海关事务所、马厩，直到1970年初期的绿色禁令期间才改成餐厅今日的模样，其装潢充满移民时期风格。可任选户外区或餐厅区，自行决定肉的种类与烹调方式，再将选好的肉放到烤炉上烤，等待美食上桌。

## 伽利略餐厅
### Galileo Restaurant

🏠 89-113 Kent St.

☎ (02)92562222

🌐 www.observatoryhotel.com.au

　　位于天文台附近的悉尼天文台酒店所有的厅室都取自与天文学相关的名字，好记又有趣。以天文学家命名的伽利略餐厅是在悉尼当地颇享盛名的法式餐厅，由Masahiko Yomoda作主厨，提供以传统法式烹调为基础、添加创意变化的美味佳肴，餐厅的装潢则洋溢着巴黎的怀旧沙龙风格，用餐气氛温馨。

## Kable's

🏠 2F, 199 George St.
☎ (02)92503306
🌐 www.fourseasons.com/
sydney/dining

　　位于悉尼四季酒店2楼的
Kable's是一家看似小巧的酒馆，
其实有120个座位，还有10~40
人的独立包厢，气氛轻松，提供牛
羊排、海鲜、意大利面、炖饭等众
多选择，酒单也很丰富。2011年
年底延聘Stuart Doust为主厨，
他已有19年的餐饮经验，对烹饪
的理念就是尽力呈现大自然中食
材的原味，添加创意变化，让客人
吃得舒服开心。

## Guillaume at Bennelong

🏠 悉尼歌剧院 Bennelong
Point
☎ (02)92411999
🌐 www.guillaumeatbennelong.
com.au

　　Guillaume at Bennelong 是
一家高级的法国餐厅，是由法籍厨
师 Guillaume Brahimi 所投资的餐
厅。坐在餐厅中，很难不去注意它
的特殊设计，尤其是在餐厅上方的
酒吧，还能看到歌剧院和悉尼港口
大桥越过地平线的有趣景观。酒吧
供应西班牙式的下酒菜，价钱不太
贵，找个时间，到这儿喝杯鸡尾酒、
吃点吉士拼盘，顺道欣赏悉尼难得
的景致，是个不错的选择。

## 悉尼咖啡厅
### Café Sydney

🏠 5F, 31 Alfred St., Circular
Quay
☎ (02)92518683
🌐 www.cafesydney.com

　　位于海关大楼顶楼的悉尼咖
啡厅，拥有俯瞰悉尼港的绝佳景
观，服务亲切，长期以来都是悉尼
人眼中的口碑餐厅。悉尼咖啡厅成
功的原因，就是与食材供货商
之间的紧密合作，总是有最新鲜美
味的鱼、虾、蟹、贝类、牡蛎、牛
羊肉等，通过主厨的巧手，烹调出
一道道佳肴。伴着优美的音乐和圆
环码头的美丽港景，平日和假日还
能感受到不同的气氛。

## Aria

🏠 1 Macquarie St., East
Circular Quay
☎ (02)92522555
🌐 www.ariarestaurant.com

　　位于悉尼港湾的 Aria，不但
拥有悉尼最棒的用餐景观，而且主
厨 Matt Moran 能烹调出最能表现
出当地生活品位的可口佳肴，深获
大众的认可。

## City Extra

🏠 Shop E4, East Podium
Circular Quay
☎ (02)92411422
🌐 www.cityextra.com.au

　　位于圆环码头的3号和4号
码头之间，24小时营业的西式餐
厅，是澳大利亚非常难得的全年
无休餐厅。因为秉持"永远有好
消息"的服务精神，City Extra
的菜单做得就像是报纸一样，服
务人员所穿着的衣服也像是报纸，
非常具有创意。

## 希尔顿玻璃小酒馆
### Hilton Glass Brasseries

🏠 2F, 488 George St.
☎ (02)92656068
🌐 www.hiltonsydney.com

　　位于悉尼希尔顿酒店2楼的
希尔顿玻璃小酒馆，是来自纽约的
名设计师 Tony Chi 的杰作，运用
挑高的空间和大片的玻璃墙营造
明亮的用餐环境。拥有一整片的酒
窖墙，窗外直接俯瞰悉尼最热闹的
市中心，维多利亚女王购物中心近
在眼前。

### Chinta Ria–temple of love

🏠 201 Sussex St.
☎ (02)92643211
🌐 www.chintaria.com

位于达令港的 Chinta Ria-temple of love 是一家东方味十足的马来西亚餐厅，店内一尊高约 3 米的弥勒佛就坐镇在餐厅中央，以一张笑脸迎接食客们。餐厅以播放爵士乐为主，木头的餐桌与窗户，再加上昏暗的灯光，与长形的开放式厨房形成强烈的对比。餐点包括以米饭为主食的各式套餐、汤面、炒面，以辣椒、虾酱、大蒜、姜等不同食材热炒的鱼、虾、鸡、牛肉，另外还有受华人和印度人欢迎的豆腐、印度饼、咖喱。

### 金唐海鲜餐厅
Golden Century Seafood Restaurant

🏠 393–399 Sussex St.
☎ (02)92123901
🌐 www.goldencentury.com.au

这家餐厅在唐人街的餐厅名气可不小，有许多厨师会来这里聚餐，就连美国总统、摇滚巨星、港星、政治名人等都光顾过这家中国餐厅。老板是来自香港地区的 Eric Wong，手下的厨师个个厨艺精湛，尤其是招牌菜——皇帝蟹，更是大受欢迎。虽然这儿以生猛的

海鲜为主，但也提供如北京烤鸭、港式烧鹅、粥、牛肉等中式菜肴。

### 台北襟家饺子馆

🏠 8 Quay St., Haymarket
☎ (02)92812760

虽然名为饺子馆，其实不只有饺子，还有各式各样在台北可以吃到的面、饭，10 澳元就可以吃饱，而且是地道的台北口味，颇受当地华人欢迎。小小的店面每到用餐时间，门口就站满了甘愿排队的食客，而店员们点菜、请客人入内等步骤也井然有序，看得出经验丰富。

### 尼可拉斯海鲜
Nicholas Seafood

🏠 Shop 6, Waterfront Arcade, Sydney Fish Market, Bank St, Pyrmont
☎ (02)96604255
🌐 www.nicholasseafoodtraders.com.au

尼可拉斯海鲜是一个从 1930 年就开始经营的海鲜家族企业，每天供应给经销商和一般消费者的海鲜量相当大，确保海鲜的质量、新鲜度能符合顾客的需求。海鲜料理可以现点现烹调，也有一些已经炸好或卤好的现成海鲜食物，两人份的海鲜盘大约 30 澳元，以悉尼的消费水平来说，相当便宜实惠。

# 购在悉尼

## 悉尼环球免税店
### DFS Galleria Sydney

🏠 155 George St., The Rocks
☎ (02)82438666
🌐 www.dfsgalleria.com

悉尼环球免税店就位于岩石区的入口附近，相当气派的大楼里，LV、Burberry、Fendi、Dior、Chanel 等国际名牌云集，当然也可以买到 UGG 雪地靴、绵羊油、羊毛制品、蜂胶、深海鱼油等澳大利亚特有的产品，甚至连袋鼠肉干、鳄鱼肉干等市区里不太容易找到的商品，也可以在这里寻获。虽然一般而言同类商品定价比市区内别的商店要高，但显然这里还是一站购足特产、纪念品的好地方。

## 蛋白石博物馆
### The National Opal Collection

🏠 60 Pitt St.
☎ (02)92476344
🌐 www.nationalopal.com

这是一处由澳大利亚主要的蛋白石开发公司所设立的私人博物馆，展厅里展示着各式各样的蛋白石，并有多种语言的影片详细介绍蛋白石的形成过程与蛋白石的区别，包括蛋白石分为黑蛋白石、砾岩蛋白石和白蛋白石三大类等。好的蛋白石本身颜色就多彩多姿，很难一个镜头就表达出它浑然天成的美。由于这家公司本身拥有蛋白石矿场，可以从开采、切割、抛光到制造成品等全线作业，所以有兴趣的人可以在这里找到心仪的宝石。

## 茶中心
### The Tea Centre

🏠 The Glasshouse, 150 Pitt St. Mall
☎ (02)92239909
🌐 www.theteacentre.com.au

位于悉尼的购物中心内的茶中心，是一家收藏有 185 种茶叶的茶叶店。其茶叶款式来自全球各地主要茶叶产区，包括中国茶、日本绿茶、斯里兰卡的锡兰红茶、印度的大吉岭、阿萨姆红茶，还有澳大利亚的有机花茶、水果茶等。

## Tree of Life

🏠 85 1F，韦斯特菲尔德购物中心内
☎ (02)92334249
🌐 www.treeoflife.com.au

这家 Tree of Life 的橱窗设计极具印度风味，亮丽的粉红色纱或镶满金边的露背上衣，还有看了就令人爱不释手的民族风情抱枕套、项链、首饰等，都是店内人气超旺的商品。当然还有一些闪闪发亮的银饰品，以及颜色鲜艳的手环、丝巾和家居用品，品种相当丰富。除了印度风格的商品外，店里还能发现一些来自中国、危地马拉等地的传统饰品，风格多样。

## 茉莉蔻
### Jurlique

📍436 George St.，Myer 百货公司内
📞(02)92389111
🌐www.jurlique.com.au

茉莉蔻是澳大利亚知名的保养品牌，其保养受到全球许多人喜爱，主要是因为产品内添加阿德雷德高山森林的天然草本植物，或是从南澳生产的有机花草提炼出的纯精油，产品天然对人体完全无害。热卖商品包括玫瑰和薰衣草护手霜以及牛奶味的身体乳液等。其他产品还包括百分之百纯精油、薰香精油、混合精油、化妆品及按摩油等。

## Darrell Lea

📍398 George St.
📞(02)92322899
🌐www.dlea.com.au

Darrell Lea 是澳大利亚的百年巧克力老店，至今仍为 Lea 家族经营，原先是由糖果大师 Harry Lea 在西澳的珀斯所创造，之后搬来悉尼继续制作独家秘方的 Bulgarian Rock 巧克力，然后才慢慢开创属于自己品牌的糖果。Darrell Lea 产品以"昨天做，今天卖"的方式，提供最新鲜的巧克力，店里的招牌口味是又香又浓的 Rock-Lea Road，以及嚼劲十足

且有八角味的软糖 liquorice。另外在 QVB 和 Central Point 等购物中心也可以找到分店。

## Wheels & Doll Baby

📍259 Crown St., Darlinghurst
📞(02)93613286
🌐www.wheelsanddollbaby.com

位于皇冠街上的 Wheels and Doll Baby，是一家专门为舞台上明星设计服饰的时装店，来这里光顾的明星有丽芙泰勒、滚石合唱团、Gwen Stefani、Daryl Hannah 等，当然还有性感的澳大利亚歌手凯莉米诺。店面设计得既活泼又复古，红色的壁纸再加上豹皮纹路的地毯，立刻呈现出店里带点疯狂又不失女性娇柔的风格。

## Scanlan & Theodore

📍122 Oxford St., Paddington
📞(02)93809388
🌐www.scanlantheodore.com.au

以简约高雅风格为主的 Scanlan & Theodore 是上班族女性的最爱，这个由 Fiona Scanlan 和 Gary Theodore 推出的品牌，其设计哲学是让成熟的女性能够透过服装的辅助，散发聪明与自信的气息。

### Nicola Finetti
🏠 168–174 Oxford St., Paddington
☎ (02)93573499
🌐 www.nicolafinetti.com

　　来自意大利的建筑师 Nicola Finetti，于 1996 年年初澳大利亚时装节崭露头角，后来因为爱上悉尼而定居于此，他也因此改变了人生轨迹。或许是因为意大利浪漫的文化，他的设计以透明的雪纺去彰显女性的浪漫，不规则又具个性的剪裁也是他设计风格的突出特点，在柔美优雅的设计中，更能显出其个性。

### Akira Isogawa
🏠 12A Queen St., Woollahra
☎ (02)93615221
🌐 www.akira.au.com

　　低调简朴的设计一直是 Akira 的风格，细节更是他一向重视的部分，例如钉珠或是薄纱等设计，不论是轻飘飘的纱裙或是不规则的剪裁，都给人脱俗的气质与低调的静谧美。不过由于 Akira Isogawa 在澳大利亚服装市场已占有一席之地，其商品价格并不便宜。

### Orson & Blake
🏠 483 Riley St., Surry Hills
☎ (02)83992525
🌐 www.orsonandblake.com.au

　　Orson & Blake 是澳大利亚第一家以生活方式为主题的生活家饰店，老板喜欢游走世界各地，因此喜欢收集不同文化背景的家饰品，从基本的餐具、刀叉，到抱枕、床单等一应俱全。虽然店里陈列的是来自东南亚、摩洛哥、埃及或欧洲其他地方的商品，但整家店的风格却是时尚又低调、流行又具民族风。

### 克莱特·蒂尼干
#### Collette Dinnigan
🏠 22–24 Hutchinson St., Surry Hills
☎ (02)93610110
🌐 www.collettedinnigan.com

　　曾经在澳大利亚时装展大放异彩的克莱特·蒂尼干现今已摇身一变成为澳大利亚最顶尖的设计师，其设计风格以蕾丝和女性风格的小珠饰为主，每件衣服都展露出女性迷人的风采。另外该品牌所设计的女性内衣也受到了澳大利亚时尚圈的青睐，如果买不起动辄 2000 澳元的女装，不妨从配件入手。

# 墨尔本

墨尔本是一个因金矿致富的城市，在 1929 年前曾一度是澳大利亚联邦政府的首都，历经 200 多年欧洲移民文化的洗礼，墨尔本散发的是现代中不失典雅的都市气质。

除了早期遗留至今的古老石材建筑、占据全市面积 1/4 以上的公园绿地、数千家口味丰富的餐厅，墨尔本更是世界上少数兼有河流及海滨的城市，蓝色清新的亚拉河滋养着墨尔本，就是这些得天独厚的条件，让墨尔本荣获"世界上最适合人类居住的城市"的美誉。

墨尔本有许多令人叹为观止的购物商场和百货公司，游客在这里可以充分享受购物的乐趣；另外，全澳大利亚最大的赌场也在这里，墨尔本皇冠赌场娱乐中心可以让你一试身手。

不过，最有趣的墨尔本藏在街道里，这是一个可以逛街的城市，这里的每一条街都有自己的个性，甚至每一条街当中还隐藏了更美、更好逛的拱廊，所以来到墨尔本，不论是"一条可以欣赏别人，同时也可以被别人欣赏"的雅痞街、散发波希米亚颓废风格的布朗史维克街、比伊甸园更充满甜腻诱惑的艾蓝街或是艺术创意无限的维多利亚艺术中心市集，都精彩得超乎想象。到街上走走，漫步街道，你自然可以感受这个城市独特的魅力。

# 墨尔本交通

### 如何到达——飞机

从悉尼或布里斯班可搭乘澳大利亚航空、捷星航空、欣丰虎航空或维珍蓝航空等前往，从悉尼至墨尔本航程约 1.5 小时，从布里斯班至墨尔本航程约 2.5 小时。

### 如何到达——火车

长程线的火车会停靠在墨尔本市区西南方的南十字星车站。从布里斯班或悉尼到墨尔本可搭 XPT（Express Passenger Train）列车，从布里斯班到墨尔本车程约 14 小时，从悉尼到墨尔本车程约 11 小时。

**XPT**

🏠 Spencer St.

☎ (03)96192587

🌐 www.countrylink.nsw.gov

### 如何到达——巴士

从悉尼或布里斯班到墨尔本可搭乘灰狗巴士（Grey Hound），长程线的火车会停靠在南十字星车站的地下巴士转运站 Coach Terminal。

**Greyhound**

☎ 131499

🕐 从布里斯班到墨尔本约 28 小时（不含在悉尼转车时间），从悉尼到墨尔本需 12~14 小时

🌐 www.greyhound.com.au

### 如何到达—— 机场至市区交通

墨尔本国际机场在市区西北方约 25 千米处，国内外航站楼都在同一个地方；澳大利亚航空和捷星航空位于第 1 航站楼、国际线航空位于第 2 航站楼、维珍蓝航空和区域快线航空位于第 3 航站楼。请留意捷星航空有部分航班，是于墨尔本西南边的爱华隆机场起降。

🌐 www.melbourneairport.com.au

## 接驳巴士

从机场到市区最方便的方式就是搭乘接驳巴士（Skybus），巴士会停靠在市区西南方的南十字星车站的地下巴士转运站Coach Terminal，之后还可以再搭乘接驳巴士免费至各饭店。

🏠 可于车上或网站购买

☎ (03)93352811

🕐 24小时，每10分钟一班；从机场到市区车程约20分钟

💴 全票单程16澳元、往返26澳元，优惠票单程6澳元

🖥 www.skybus.com.au.

❗ 免费饭店接驳巴士周一至周五6:00~22:00、周六至周日7:30~17:30

## 出租车

💴 从机场到墨尔本市中心单程45~50澳元，3人以上搭出

**租车可能比接驳巴士划算**

## 市区交通

墨尔本的大众交通系统统称为"The Met"，主要包括电车和巴士。

## 电车

分成一般电车（Tram）和免费环城电车（City Circle Tram），前者在市区内的停靠站很多，下车时需在下车处按下按钮，车门才会开启。

后者即电车35号，是一种外观为红色的复古电车，提供免费绕行市区一圈服务，行经弗林德斯街、滨海港湾、达克兰道、拉贝托街以及斯普林街等街道，其停靠站的站牌都会标明"City Circle"字样，包括墨尔本水族馆、旧墨尔本

监狱、国会、移民博物馆和联邦广场等地，游客可以利用环城电车抵达墨尔本市中心主要的景点与购物中心。

🕐 电车周日至下周四 5:00 至次日凌晨、周五至周六 5:00 至次日 1:00；免费环城电车周日至周三 10:00–18:00、周四至周六 10:00–21:00，约 12 分钟 1 班

🌐 www.metlinkmelbourne.com.au

## 巴士

在墨尔本约有 300 条巴士路线，与电车共同形成密集的大众交通网络；继免费的环城电车后，墨尔本也推出了免费观光巴士，共有 15 个停靠站，如维多利亚艺术中心、联邦广场、港湾城、达克兰区、墨尔本博物馆与卡尔顿花园、维多利亚女王市场、墨尔本水族馆、移民博物馆、南岸区、战争纪念馆、皇家植物园、唐人街等站。

🕐 巴士周一至周五 6:00–21:00、周六 8:00–21:00、周日 9:00–21:00，免费观光巴士 9:30–16:30，每 30 分钟 1 班

🌐 www.metlinkmelbourne.com.au

## 出租车

墨尔本的市区有很多出租车招呼站，也可打电话叫车。

☎ Black Cabs: 132227
Embassy Taxis: 131755
Dandenong Taxis: (03)97912111
Frankston Taxis: (03)97863322

💴 5:00 至次日凌晨起步价 3.2 澳元，每千米 1.6 澳元，车停时每分钟 0.5 澳元；凌晨至 5:00 起步价 3.2 澳元，每千米 1.9 澳元，车停时每分钟 0.5

澳元；电话叫车皆加价 2 澳元

 www.victaxi.com.au

## 票卡

实用的交通优惠票券，使用范围分为两区，Zone1 包含市区和近郊地区，对一般游客来说，Zone1 就足够了。票卡可于有效期内不限次数搭乘火车、电车和巴士，分成 2 小时卡（2 Hour Metcards）、一日卡（Daily Metcards）、一周卡（Weekly Metcards）、一月卡（Monthly Metcards）和一年卡（Yearly）、周间卡（5 x Weekend Daily，限非周六、周日的平日使用）、周日卡（Sunday Saver Metcards，限周日使用）、周间离峰卡（Off-Peak Daily Metcards，限非周六、周日的平日 9:00 后使用）。

另外，单程卡（City Saver Metcards）以单程计费，限在 Zone1 内搭乘一次，10 次单程卡（City Saver x 10 Metcard）则是在 Zone1 内可使用 10 次。

可于火车站自动售票机，

市区的车站、书报摊、The MetShop、挂有"The Met"招牌的商店或网上购买车票；2 小时卡和一日卡可于车上购买，但不找零。

 www.metlinkmelbourne.
com.au

### 澳大利亚综合通行证

最新推出的一种可免费通行全澳大利亚含墨尔本的 70 个景点和行程当中的 5 或 7 个通行证。

## 旅游咨询

### 维多利亚旅游局

🏠 356 Collins St.
☎ 1300366356
🌐 www.visitvictoria.com

### 墨尔本游客服务中心

🏠 2 Swanston St.
☎ (03)96589658
🕐 9:00-18:00
🌐 www.visitmelbourne.com

# 精华景点

## 联邦广场
(Federation Square)

位于 Russell St. 和 Flinders St. 间
搭免费观光巴士可达；或搭免费环城电车或电车 70、71、75 号于 Russell St./Flinders St. 站下，步行约 1 分钟可达
(03)96551900
www.fedsquare.com

必游之地
MUST-VISIT PLACES

　　这里是探索墨尔本最好的起点，广场上几个镶嵌着几何图形砂岩板、倾斜扭曲的镀锌架、大片玻璃帷幕包覆的超现实建筑体，恰与一街之隔、属新古典主义风格的弗林德斯街车站和圣保罗大教堂呈鲜明对比。有别于一般广场的开阔形象，这里其实结合了游客服务中心、国家艺术馆、室内表演厅、媒体大楼、旅馆、艺廊、餐厅、商店，以及户外表演广场等诸多功能于一身。

　　当初负责设计联邦广场的工作室人员从伦敦来到墨尔

本，不仅仅是要盖一座奇特的建筑，而是借由这个极具争议性的实验作品，重新定义都市市民的文化空间。

面积广达3.6万平方米的广场"架设"在原本的火车调车场之上，为了遮盖底下丑陋的铁轨，广场地面用了3000吨的钢梁、1.4千米长的"废水泥墙"，以及4000个防震圈和橡皮垫。如此一来，广场成功地连接了亚拉河北岸与南岸，把车水马龙的中央商业区和供人休憩的公园绿地相连接，使其成为墨尔本真正的市中心。

2002年广场落成时，不管这个异形建筑如何引来批评，如今这个区域已经成为市民和游客交流会面的中心。由于游客服务中心就位于巨大玻璃建筑的下方，所以这里成为游客探索墨尔本的第一站。而在同时可容纳15 000人的广场上，一年有超过500场、仿佛接力赛般的街头表演，从白天到深夜，更是聚集了许多围观捧场的市民和游客。

## 中央广场
(Centre Place)
♥

🏠 Centre Place

🚋 搭电车 11、19、42、48、57、59、109、112
号于 Collins St./ Elizabeth St. 站下，步行约 1
分钟可达；搭免费环城电车或电车 70、71、75
号于 Flinders St. 站下，步行 3~5 分钟可达

🕐 8:00–18:00

　　在繁华的弗林德斯街与柯林斯街之间有一条小巷子，两旁布满咖啡厅、面包店、汤品专卖铺等，看得出来都是当地人和朋友小聚，或是上班族享受早餐的地方。这条小巷名为"中央广场"，是墨尔本很典型的巷弄风情代表地之一，每间店面都小巧但各具特色，想贴近当地人生活，来这里就对了。

## 圣麦可教堂
(St. Michael on Collins)
👤♥👴

🏠 120 Collins St.

🚋 搭免费环城电车或电车 70、71、75 号于
Russell St./Flinders St. 站下，步行 3~5 分钟
可达；或搭电车 11、42、48、109、112 号于
Collins St. 站下，步行约 1 分钟可达

☎ (03)96545120

🕐 周一至周六 8:00–17:00，周日 8:00–13:00

🌐 www.stmichaels.org.au

　　与墨尔本君悦大酒店隔街相对的圣麦可教堂已有 200 多年的历史，建筑本身颇有可观之处，特别之处是教堂刻意在建筑的一隅为在城市忙碌的人们提供了一个静室，以岩石、水池和昏暗的灯光布置成一个颇有禅意的宁静空间，每个人都可以进来驻足，坐在椅子上稍作冥想、沉淀心灵，重新获得生活的灵感。

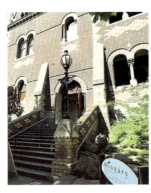

## 街区 & 拱廊
(Arcades & Lanes)

🕐 10:00~18:00
- 🟢 街区拱廊
- 🏠 282 Collins St.
- 🚃 搭免费环城电车或电车 59、70、71、75 号于 Flinders St. 站下，步行 3~5 分钟可达；或搭电车 11、19、42、48、57、59、109、112 号于 Collins St./Elizabeth St. 站下，步行约 1 分钟可达
- ☎ (03)96545244
- 🏠 www.theblockarcade.com.au
- 🟢 皇家拱廊
- 🏠 335 Bourke St. Mall
- 🚃 搭免费环城电车或电车 70、71、75 号于 Flinders St. 站下，步行 6~10 分钟可达
- ☎ (03)96707777
- 🏠 www.royalarcade.com.au

MUST-VISIT 必游之地 PLACES

　　墨尔本市区有许多大型的百货公司，可满足不同游客的需求，但若想要体验当地最具特色的购物场所，一定不能错过这里特有的拱廊及街区。

　　拱廊据说是因为市区的街道太过宽敞，街道与街道间的路段就被脑筋动得快的商人开发成商店街，形成独特的购物空间；街区则是商人利用市区的小巷子所开发而成的露天咖啡馆。

　　拱廊及街区藏身于市区摩天大楼中，为墨尔本添加了风情，漫步其中，不但可以欣赏精雕细琢的拱廊建筑，也可逛逛小巧精致的珠宝店、糖果屋、精品店……逛累了就前往街区的咖啡馆喝杯香醇的咖啡，让逛街成为一种享受。

　　拱廊是 19 世纪维多利亚时代留下来的建筑，它们隐蔽在市区大楼之间，当年这里就是墨尔本主要的购物商店街，总共十余条拱廊，以街区拱廊和皇家拱廊最为著名。前者是墨尔本最美丽的拱廊，建于 19 世纪末，从其建筑风格可以看出受到意大利的影响：两旁精雕细琢的锻铁和原木廊柱支撑着镶嵌玻璃的屋顶，地板则是绚丽的马赛克拼贴画，也是全澳大利亚面积最大的马赛克镶嵌地板，拱廊内的商店街以霍普敦茶馆最受欢迎；皇家拱廊则是墨尔本历史最悠久的拱廊，建于 1869 年，外观以红色和金色为主调，Koko Black 巧克力店和 Suga 糖果店一前一后，都是游客们目光聚集的焦点，而入口上方的巨大时钟两旁立着两尊人像——Cog 和 Magoa，他们从 1892 年就开始为游客整点报时了。

**维多利亚女王市场**
(Queen Victoria Market)

🏠 位于 Peel St.、Franklin St.、Victoria St.、Elizabeth St. 4 条街间

🚌 搭免费观光巴士可达；或搭免费环城电车或电车 24、30 号或于 Queen St./La Trobe St. 站下，步行 5~8 分钟可达；或搭电车 55 号于 Queen Victoria Market/Peel St. 站下即达

☎ (03)93205822

🕐 周二和周四 6:00-14:00、周五 6:00-17:00、周六 6:00-15:00、周日 9:00-16:00
（周一和周三休息）

🔗 www.qvm.com.au

维多利亚女王市场是澳大利亚最大的露天市场，多年来一直是游客必访之地。占地 2.8 万平方米的维多利亚女王市场，是墨尔本的传统市集，若是错过这儿，也就错失了认识墨尔本的机会和一处可大淘宝贝的好地方！

维多利亚女王市场自 1878 年营业至今，已有 130 多年的历史，是墨尔本著名的地标及观光胜地。市场分为三大部分，分别为生鲜部、蔬果部及日常用品部。生鲜、蔬果部售卖当地的肉品、奶酪、各种蔬菜、比萨饼和沙拉等，每当中午拍卖时间，各摊位无不使出浑身解数努力叫卖，非常热闹。日常用品部则售卖各种便宜的衣服和锅碗瓢盆等日常用品。逛累了，市场一侧是可容纳 400 人的餐饮区，游客享受美式、意式、中式等餐饮的同时，还可以欣赏室外街头艺人的表演。

为了让游客能深入了解维多利亚女王市场，当地推出"美食梦想之旅"，由行家带领游客前往当地著名店家，品尝市场内售卖的传统芝士、红酒、通心粉、面包等。

**维多利亚艺术中心**
(Victoria Art Centre)

⌂ 100 St Kilda Rd.

🚌 搭免费观光巴士可达；或搭电车 1、3、3a、5、16、64、68、67、72 于 Arts Centre 站，步行 1~3 分钟可达；或搭免费环城电车于 Swanston St./Flinders St. 站下后过桥，步行 5~8 分钟可达

☎ (03)92818000

🖥 www.theartscentre.com.au

● **维多利亚国家美术馆**

⌂ 180 St Kilda Rd.

☎ (03)86202222

🕐 周三至下周一 10:00~17:00（周二休息）

¥ 免费（特展除外）

　　望着亚拉河的另一边，立刻就被一根宛如芭蕾舞裙造型的尖塔吸引住，这就是维多利亚艺术中心，也是墨尔本的著名地标。

　　已经开幕超过 20 年的艺术中心，由罗伊格朗兹设计，一直扮演着为墨尔本市民提供艺术精神的角色，但凡大型的音乐会、戏剧或是舞蹈表演，都会选在这里演出。艺术中心一共分为三部分，第一部分是高 162 米的剧院，第二部分是墨尔本音乐厅，第三部分是维多利亚国家美术馆。

　　尖塔下的剧院就建在圣科达路上，6 层楼的建筑有 5 层在地下。最大的剧院可容纳 2067 人，主要提供歌剧、芭蕾及音乐剧演出；其次表演屋可容纳 880 人，主要为戏剧表演而设计，休息室中有原住民艺术展览；另外最小的一座实验剧场可容纳 350～450 人，是一间多功能设计表演室。

　　想要一窥剧院里豪华的设计，就得参加由解说人员带领的导览，通过工作人员的讲解，可以更进一步了解这里，就算没机会在里面欣赏表演，也可以借此机会开开眼界。

 **南门与维多利亚艺术中心市集**
(South Gate & Victorian Arts Centre Market)

🏠 亚拉河畔与艺术中心前

🚌 搭免费观光巴士可达；或搭电车 1、3、3a、5、16、64、68、67、72 于 Arts Centre 站，步行 1~3 分钟可达；或搭免费环城电车于 Swanston St./Flinders St. 站下后过桥，步行 5~8 分钟可达

🕐 周日 10:00-16:00

很多人到维多利亚艺术中心并不只是为了看戏，艺术中心旁的假日市集，其实才是这里门庭若市的原因。

维多利亚艺术中心假日市集和相邻的南门假日市集相连，是墨尔本市民在周日打发时间的热门去处。在市集里，你可以找到一些手工制的木质相框、玻璃烛台、陶艺品、花花草草，如果想选购一些别具特色的纪念品，不妨到这里来寻宝。

这里的摊贩主要是来自墨尔本各地的工匠或艺术家将自己的作品搬出来售卖，除了价格实惠，最难能可贵的是创意十足。除了商品摊贩，市集旁还不时可以看到街头艺人的逗趣表演，美妙的音乐和闲适的气氛正是艺术中心市集吸引人的原因。

## 尤利卡天台 88
### (Eureaka Sykdeck 88)

- 🏠 7 Riverside Quay, Southbank
- 🚌 搭免费观光巴士可达；或搭电车 1、3、3a、5、16、64、68、67、72 于 Arts Centre 站，步行 1~3 分钟可达；或搭免费环城电车于 Swanston St./Flinders St. 站下后过桥，步行 5~8 分钟可达
- ☎ (03)96938888
- 🕙 10:00~22:00（21:30 最后入场）
- ¥ 全票 17.5 澳元、优惠票 10~13 澳元，尤利卡塔悬崖箱 12 澳元、优惠票 8~10 澳元
- 🔗 www.eurekaskydeck.com.au

MUST-VISIT PLACES 必游之地

位于亚拉河南岸的尤利卡塔，海拔 297.3 米、楼高 92 层，那神奇的"尤利卡天台 88"颠覆了一般人对超高大楼的想象，与旅游体验相结合，更是噱头十足。

走进天台专用电梯，只需 37 秒，便可从地面直达海拔 285 米的 88 楼天台。这个可以 360°俯瞰全墨尔本的观景台，地板上铺设了 LED 灯，沿着投射方向，便可以找到远方的地标建筑，此时背景音响便会根据游客注视的方向同步发出环境音效。这里名为"天台"，是因为天花板经过特殊的灯光设计，可以随着天气变换出晴天、多云、打雷、闪电、暴风雨等效果。

除此之外，尤利卡塔上有两样设计独步全球：一个是"偶遇奇缘知识桌"，另一个是"尤利卡塔悬崖箱"。

　　偶遇奇缘知识桌位于 1 楼，它是一面长 6 米、宽 2 米的巨大互动触控式计算机屏幕，里面灌入许多与墨尔本相关的小故事，只要轻轻触摸，故事箱便会打开，跳出各种与墨尔本的历史、体育、文化、建筑等相关的图片和详细的文字数据。

　　至于"悬崖箱"也是世界创举，所谓的悬崖箱是镶嵌在第 88 层大楼的一个巨大玻璃柜，当透明的玻璃柜像火柴盒一般由里向外推出，人仿佛置身悬崖。悬崖箱经过特殊设计，其中重 2 千克、厚度达 45 毫米的玻璃便是一大学问，这是一种"转换玻璃"，当箱子渐渐从大楼推出时，四周玻璃壁还是一片雾状；当玻璃箱完全伸出后，玻璃会瞬间变得透明，两脚似悬空在 285 米高的大厦外一样。

## 墨尔本皇冠赌场娱乐中心
### (Crown Casino & Entertainment Complex)

⌂ 8 Whiteman St., Southbank

🚃 搭电车 55 号于 Power St./Queens Bridge St. 站下；或搭免费环城电车于 Market St./Flinders St. 站下

☎ (03)92928888

🖰 www.crowncasino.com.au

墨尔本顶级旅馆不少，其中位于亚拉河畔的皇冠赌场娱乐中心，包含了 1 家旅馆、40 多家餐厅和咖啡厅、电影院、夜总会，可以说是超级奢华的旅馆。

旅馆内附设了一个大型的赌场，据说许多富豪都喜欢来这里试试手气。房间也是金光闪闪的，从大理石、镶金边的镜子到液晶电视，都让住客备感舒适，不过这里最让人倾心的是面对亚拉河的大型落地窗，落地窗可将入夜后墨尔本灯火辉煌的景色一览无余。非住客可以在晚上前来观赏赌场大厅的激光音乐灯光秀和旅馆门口沿着河岸的火把秀，这两个节目，肯定让游客对这家旅馆印象深刻！

**墨尔本水族馆**
(Melbourne Aquarium)

🏠 位于 Flinders St. 和 King St. 间
🚌 搭免费观光巴士可达；或搭免费环城电车或电车 70、71、75 号于 Melbourne Aquarium/Flinders St. 站下
☎ (03)99235999
🕐 9:30–18:00（17:00 最后入场）
💰 全票 33.5 澳元、优惠票 19~22 澳元
🌐 www.melbourneaquarium.com.au

　　在墨尔本水族馆里约有 500 种、4000 只以上的海洋生物，为了让这些"海中娇客"有良好的生活环境，每天必须用卡车将大量的菲利普港湾的海水运来，维持它们舒适的生活。

　　馆内各种珊瑚、鱼、贝类，被安排在大型的透明玻璃帷幕内，你可以很清楚地观察到来自澳大利亚周围海域特殊鱼类悠游的姿态，还可以看到潜水员与鱼群共舞、喂养巡视的画面，如果你也想体验的话，可以向水族馆提交申请。

　　在墨尔本水族馆除了视觉体验外，还能以触觉感受海底世界的奥妙，在贝类区域里，解说员很有耐心地一一解答民众的疑问，并让你亲手触摸，了解造物者的神奇。此外，在"海底世界"楼层里，有许多类似电动玩具的仿真器，通过这些高科技游戏机，可以很容易了解鱼类的习性与生态环境等。最有趣的莫过于 3D 海底模拟机，它可以让你变成一条鱼，学习如何避开危险、寻觅食物，体验鱼类的生活。

## 雅痞街
(Chapel St.)

🚇 搭电车 78、79 号于 Palermo St. 或 Chapel St. 站下即达

雅痞街位于墨尔本南岸区，从市中心沿着亚拉河往东南约 4 千米处，它除了是目前墨尔本引领潮流之地外，也是古董店、艺廊的集中区，当然也少不了许多知名的餐厅及咖啡馆，街道上经常可见名车停驻，俊男、美女与香车流连。这是一条可以欣赏别人，同时也可以被别人欣赏的街道。

在国际时装界享有盛名的澳大利亚知名品牌，如 Collette Dinnigan、Alannah Hill 等皆在此设店，提供墨尔本与世界同步的流行信息。这里的人除了重视穿着之外，对于生活质量、居住环境也是相当重视，雅痞街上有很多家饰、古董店和艺廊，这些正好提供了墨尔本人创造优质家居氛围的素材。

雅痞街上一家名为 Caffee Cucina 的咖啡馆，被公认是墨尔本最好的咖啡馆，Caffee Cucina 店内写着今日特餐的大黑板、拥挤的座位、桌上的小台灯，以及热情的服务人员，都散发出浓浓的意式风情。

## 菲茨罗伊花园
(Fitzory Garden)

🏠 位于 Wellington Parade、Claredon St.、Lansdowne St. 和 Albert St. 间

🚇 搭免费观光巴士可达；或搭电车 48、71、75 号于 Jolimont Rd./Wellington 站下；或搭免费环城电车于 Spring St./Flinders St. 站下，步行约 5 分钟可达

☎ (03)94194677

🌐 www.fitzroygardens.com

绿草如茵的菲茨罗伊花园是墨尔本市内最大的公园，园内的"库克船长石屋"大有来头。那是两个世纪之前，库克父母在英国所盖的小屋，里面记录着这位伟大的航海家成长的轨迹。他们于 1933 年，千里迢迢从英国搬运过来，连小屋上的常春藤，都是从原址剪枝种下的，这里堪称全澳大利亚最古老的房子。

## 卡尔顿花园与墨尔本博物馆

(Carlton Gardens & Melbourne Museum)

搭免费观光巴士可达；或搭免费环城电车或电车 24、30 号于 La Trobe St./Victoria St. 站下即达

● **卡尔顿花园和皇家展览馆**

9 Nicholson St. Carlton

(03)92705004

10:00–17:00

museumvictoria.com.au/reb

皇家展览馆导览行程 14:00 于墨尔本博物馆集合出发，全程约 1 小时；全票 5 澳元、优惠票 3.5 澳元，预约电话 131102

● **墨尔本博物馆**

11 Nicholson St. Carlton

(03)83417777

10:00–17:00

全票 10 澳元、16 岁以下免费

www.melbourne.museum.vic.gov.au

卡尔顿花园位于墨尔本市中心北方，花园是为了1880—1888 年在墨尔本举办的国际性展览会而专门设计的。花园里的皇家展览馆以红砖、木材、钢铁和石板瓦建成，建筑设计融合了拜占庭式、罗曼式和意大利文艺复兴风格。

墨尔本博物馆位于皇家展览馆对面，这是一座采用全新概念、寓教于乐的博物馆，玻璃帷幕的外观采光良好，且造型现代化。馆内目前开放的区域主要有森林馆、儿童博物馆、科学与生活馆以及原住民馆。

在森林馆，可以近距离观察动植物，了解大自然生生不息的奥秘；或是在科技与生活馆通过视听设备，了解科技的发展历程以及对生活的重大影响；儿童博物馆内，通过鲜艳的色彩、各种形式的玩具以及标本，吸引儿童动手操作、观察以获得新知。因此无论是大人、小孩都能乐在其中。

## 皇家植物园
### (Royal Botanic Garden)

⌂ Birdwood Ave., South Yarra
🚌 搭免费观光巴士可达；或搭电车 3、5、8、16、64、67 于亚拉河南岸 St. Kilda Rd. 站下
☎ (03)92522300
🕐 7:30 至日落
🌐 www.rbg.vic.gov.au

　　皇家植物园被誉为澳大利亚最好的植物园，它位于亚拉河岸边，所种植的植物种类非常多，从澳大利亚到全世界各地的植物都有。园区里动、植物丰富，鸭子、野雁、天鹅、凤头鹦鹉、袋貂等自在穿梭在植物园的湖泊和丛林之间，生态自成一格。一条长达4千米的步道环绕着植物园，因此也是墨尔本市民最喜爱的慢跑和散步场所。

## 圣科达码头
### (St. Kilda Pier)

⌂ Pier Rd., St. Kilda
🚌 搭电车 3a、16、96 号于 Jacka Blvd 或 Alfred Sq/The Esplanade，步行 3~5 分钟可达
🕐 黄昏日落之前
🌐 www.earthcarestkilda.org.au

　　想要在大自然里看小企鹅回家，通常得前往菲利普岛，但是近年在距离墨尔本市区只要半小时车程的圣科达海边，居然也发现了企鹅们的住处，这对时间有限的游客而言实在是意外的惊喜。

　　在墨尔本南方热门的度假海滩圣科达，有一座长长的堤岸，堤岸的尽头又延伸出众多由石块形成的堤岸。看似平凡无奇，然而每当黄昏时分、天黑以前，你会发现有的石块之间居然出现企鹅的身影，它们避开众人的守候已经悄无声息地"回家"了。

　　自从1986年发现这里有企鹅"定居"之后，这块区域也被架起围篱、设定为保护区，以免企鹅的安全受到威胁。和菲利普岛相比，这里的企鹅数量很少，也没机会看到它们从沙滩上摇摇摆摆回家的可爱模样，但是观察的距离很近，光线也很明亮。

# 周边景点

**亚拉河谷**
**(Yarra Valley)**

📧 由于亚拉河酒庄分散各处，最好自行开车前往，亚拉河谷位于墨尔本东边，从墨尔本市区开车走 Eastern Freeway， 在 Springvale Rd. 出口处下交流道，右转 Springvale Rd.，之后在 Maroondah Highway 左转，就可以抵达 Lilydale 和希斯维尔；车程约 1 小时

● **亚拉河谷游客服务中心**
🏠 The Old Courthouse, Harker St., Healesville
☎ (03)59622600
🕐 9:00~17:00
🌐 www.visityarravalley.com.au

● **优伶酒庄**
🏠 38 Melba Hwy., Yarra Glen
📧 从希斯维尔开车走 Healesville-Yarra Glen Rd.，左转至 Melba Hwy. 可达
☎ (03)97300100
🕐 周一至周五 10:00~17:00，周六、周日和法定假日 10:00~18:00
🌐 www.yering.com

● **普芬比利蒸汽火车**
🏠 Belgrave Station
📧 从墨尔本开车沿 Burwood Hwy. 方向行驶可达
☎ (03)97570700
🕐 从 Belgrave 出发，首班车 9:50、末班车 15:40（各日期不同）
💴 Belgrave-Gembrook 单程全票 39 澳元、优惠票 19~31 澳元，往返全票 59 澳元、优惠票 29.5~46.5 澳元；Belgrave-Emerald 或 Lakeside 单程全票 27 澳元、优惠票 13~21.5 澳元，往返全票 44 澳元、优惠票 22~35 澳元；Belgrave-Menzies Creek 或 Menzies Creek-Lakeside 单程全票 19.5 澳元、优惠票 9.5~15.5 澳元，往返全票 26 澳元、优惠票 13~21 澳元
🌐 www.puffingbilly.com.au

　　亚拉河谷位于墨尔本东北部 40 千米外，而亚拉河是唯一经过墨尔本市区的河流，"亚拉"源于澳大利亚原住民的语言，意指从山谷中涌出的清泉。受到了丰富河水的滋润，再加上充足的阳光与温和的气候，所以早在 1860 年，来自欧洲的移民就在此开垦葡萄园。

　　亚拉河谷聚集了 50 多家酒庄，每一家都出产口味独特的葡萄酒。有些品牌还获得过许多国际大奖，就连世界闻名的酿酒专家，都纷纷选择这个地方作为开拓他们

全球市场的酿酒业产地。在这里每年都会举行一次为期两天的酒食节，当地居民会拿出最好的食品和葡萄酒来庆祝这个特别的节日。

### 优伶酒庄

优伶酒庄是亚拉河谷历史最悠久的酒庄，不过目前现代化的酒庄建筑是 1999 年才正式启用的，里面包含了地下酒窖、葡萄酒展示场和一个可以全览户外葡萄园景观的挑高餐厅。

酒庄的历史可追溯到 1838 年，由赖里兄弟所种植的葡萄园，曾于 1889 年荣获巴黎的葡萄产区奖项。只不过到了 20 世纪，葡萄酒产业不景气，亚拉河谷这片肥沃的土地便转成畜牧地，直到 1998 年，才又开始大量种植葡萄，优伶酒庄也在 1992 年首次开放供游客品尝葡萄酒。旧的酒庄建筑则改建成商店，同时也提供葡萄酒试喝的小酒吧。

这里生产的葡萄酒经常荣获国际性大奖，酒庄根据不同的葡萄品种创出 4 个各具特色的品牌，首先优伶酒庄完全采用由亚拉河谷种植的葡萄，特别强调丰富的味觉和口感，是酒庄的招牌；另外还有采用传统香槟酿酒技术的亚拉提起泡葡萄酒，混合黑皮诺和夏多内葡萄，并存放至少 3 年才会开封；Yarra Edge 则采用单一葡萄园的黑皮诺、夏多内和卡本特葡萄，至于 Mr. Frog 则是酒庄最新推出的品牌。

如果有空一定要在酒庄附属的餐厅用餐，不仅餐饮五星级，连景观也令人赞赏。

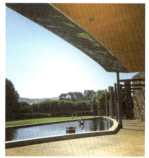

## 普芬比利蒸汽火车

环绕在墨尔本东北边的丹顿农山脉，一直是夏天避暑的胜地，凉爽的气候造就许多花圃和农地。当墨尔本刚刚绽放春天的花蕾时，丹顿农山上就已经盛开杜鹃花和郁金香，每年9月中旬的郁金香嘉年华和12月中旬的樱桃盛产期，都会吸引大批人潮来此游玩度假。

想要游览丹顿农山脉，最棒的方式就是搭乘澳大利亚的古老蒸汽火车——普芬比利。

蒸汽火车走的路线，是20世纪初为开发偏远地区而在维多利亚州建造的4条窄轨线之一，如今经修复后留下来的路线总共长29千米。起点是贝尔格雷车站，终点站则是湖畔，长约13千米，行驶时间约1小时，沿途有17处景点。

坐在窗台上将双脚挂在车窗外，是普芬比利蒸汽火车的乘坐传统，旅程中可以看到许多小孩或是童心未泯的游客，大大咧咧地伸出双脚在风中晃荡，或是在通过栈桥时向往来的过客挥手、问候、拍照。

敏志溪是整个旅程的中间点，在车站后方有一座蒸汽火车博物馆，馆内收藏澳大利亚及其他国家的火车头、车厢及蒸汽机械，非常有趣。从这里出发到爱玛鲁的风景优美，可以说是全程的精华风景之一。

# 漫游
## 澳大利亚

## 摩林顿半岛
### (Mornington Peninsula)

🚌 先从墨尔本的 Flinder St. 站搭火车到 Frankston 火车站，再从这里搭乘 Portsea Passenger Service 巴士 788 号到摩林顿半岛的波特西；或是从 Frankston 火车站搭 Peninsula Bus Lines 巴士 782 号到岛上

● **阿什科姆迷宫与薰衣草园**
🏠 15 Shoreham Rd., Shoreham
☎ (03)59898387
🕐 10:00–17:00
💴 全票 17.5 澳元、优惠票 9.5 澳元
🔗 www.ashcombemaze.com.au

● **半岛温泉**
🏠 140 Springs Lane（原 Devonport Drive), Rye
☎ (03)59508777
🕐 温泉池 7:30–22:00，SPA 中心 9:00–21:00
💴 25 澳元起、高峰时间 30 澳元起
🔗 www.peninsulahotsprings.com

　　位于墨尔本南方的摩林顿半岛，可以说是墨尔本的后花园，距离市区才 1 个多小时的车程，就能来到有海滨、葡萄园酿酒区、风情餐厅、花园迷宫、温泉水疗中心、高尔夫球场等充满度假气氛的天地，游客还可以在沙滩享受骑马的乐趣。

### 阿什科姆迷宫与薰衣草园

摩林顿半岛上的阿什科姆迷宫，是澳大利亚最早出现的藩篱迷宫。主人阿瑟罗斯对于摩林顿半岛的观光推广尽心尽力，被笑称为当地的观光首长。10 万平方米的园区里，植被众多，景色随四季而变换，近两年又增加了玫瑰迷宫、薰衣草迷宫，尤其栽培了包括 40 多个品种的 4 000 多株薰衣草，提炼制成各式各样的附属产品，能让游客永远有新鲜感。这里还附设餐饮设施和纪念品店。

### 半岛温泉

摩林顿半岛不但风光怡人，更在地底下发现了蕴藏量丰富的天然温泉，出水温度约 50℃，疗养质量颇佳，2009 年被开发为半岛温泉水疗中心。

主人查尔斯・戴维森曾经在日本工作多年，酷爱日本的温泉文化，没想到真的在自家的土地上发现了温泉，于是决定把它建设成融合日本、欧美、新西兰的温泉特色于一身的度假地。完成后的水疗中心，不但分成室内与户外的温泉池、游泳池、泡脚池，也提供蒸汽室、桑拿、土耳其浴等设备，以及推拿按摩、熏香精油等疗程。半岛温泉没有住宿设施，但附近有饭店和高尔夫球场度假村。

# 漫游
澳大利亚

## 菲利普岛
(Phillip Island)

🚆 从墨尔本 Southern Cross 车站搭 V/Line 先到 Koo Wee Rup 镇转车，再到菲利普岛的考斯

📞 (03)136196

🕐 V/Line Coach 周一至周五从墨尔本 6:35–21:00 约 8 班；周六至周日 8:50–17:55 约 4 班；车程含转车时间 2～2.5 小时

🌐 www.vline.com.au

● **菲利普岛游客服务中心**

🏠 895 Phillip Island Tourist Rd., Newhaven

☎ (03)59567447

🕐 9:00–17:00

🌐 www.visitphillipisland.com

● **华洛克农场**

🏠 4150 South Gippsland Hwy., Monomeith

☎ (03)59971321 59971713

🕐 导览 13:00，需 8 人以上且事先预约

🍴 全票 25 澳元、优惠票 12.5 澳元

🌐 www.warrook.com.au

● **菲利普岛自然公园**

🏠 Summerland Beach, Ventnor Phillip Island

☎ (03)59512800

🍴 3 Parks Pass 联票，可用于企鹅游行、树袋熊保育中心和丘吉尔岛，全票 92.1 澳元、优惠票 18.4～36.85 澳元

🌐 www.penguins.org.au

菲利普岛在墨尔本东南方 135 千米、约 90 分钟路程的地方，是一座被港湾环绕的海岛。嶙峋崎岖的海岸线和众多的野生动物，让菲利普岛成为一个自然生态的区域，在这里有个树袋熊保育中心，可以看到为数众多的树袋熊。另外，菲利普岛自然公园面积广达 24 平方千米，园内自然景观包罗万象，其中最受游客青睐的就是小企鹅游行。

小企鹅又被称为神仙企鹅，是全世界最小的企鹅，它们的一大特点就是总是成群结队依序上岸。菲利普岛就是小企鹅的故乡，来这里看它们以可爱的模样缓缓前行，是绝对不能错过的活动。

### 华洛克农场

占地 121 万平方米的华洛克农场拥有百年的农庄建筑、美丽的花园及广阔的牧场。游客在这里可以享用烤肉午餐、下午茶及搭乘拉草车，参与赶牛、狗赶羊、剪羊毛、喂小羊喝奶等活动。目前华洛克农场拥有 600 多头羊和牛，其中还有多次得奖的墨累灰牛。

当然，除了可以享受景致优美的农场风光、美食及活动外，农场主人还特别开放拥有许多古董家具的农场房舍供游客们参观；如果参观团体人数不多，还可以和主人一起在自家餐厅中用餐。

农场内的下午茶非常有特色，参加完农场活动，在农舍内围着火，人手一串面粉团，自己烤出美味的丹波（Damper）面包。这是一种野炊食物，将面团抹在木棍上，烤熟后很容易取下，并抹上蜂蜜、果酱等食用。另外，还可喝到正宗的以尤加利叶煮开的"比利茶"。

### 菲利普岛自然公园

菲利普岛自然公园有企鹅游行、树袋熊保育中心、丘吉尔岛和诺比斯中心，其中最有名的就是看企鹅游行。观看世界上体型最小的企鹅自海里返回陆地归巢，这是菲利普岛最知名、最受游客欢迎的活动，整个过程不但新鲜有趣，同时也能让游客们了解小企鹅的生活知识，可以说是一项寓教于乐的活动。

## 大洋路
(Great Ocean Rd.)

- 奥特威山国家公园
- Otway Ranges National Park
- 树顶步道
- 360 Phillips Track, Weeaproniah
- 从阿波罗湾开车向北走 Forest-Apollo Bay Rd.，再左转接 Beach Forest-Mtsabi Rd.，过榉木森林 (Beach Forest) 可达
- (03)52359200
- 9:00~17:00（16:00 最后入园）
- 全票 24 澳元、优惠票 10 澳元
- www.otwayfly.com
- 十二门徒岩
- 从坎贝尔港开车走 Great Oecan Rd.，约 10 分钟可达
- 洛克亚德峡谷
- 从坎贝尔港开车走 Great Oecan Rd.，5~8 分钟可达

**MUST-VISIT PLACES 必游之地**

　　大洋路是澳大利亚最著名的景观公路，它位于维多利亚州南部，自托基到华南埠之间的海岸范围，绵延300 多千米，蜿蜒崎岖的公路搭配着壮观的海洋景观，公路行经许多可爱的滨海小镇与渔村，而如果没有身临其沿岸的奇石美景，是很难切身体会到的。

　　尽管欣赏海景是这里的重头戏，但是顺着公路穿梭于奥特威山脉也非常有意思，大洋路的景观顿时从壮观的景致转变成青葱翠绿的草原与森林的田野风情。大洋路其实也蜿蜒于澳大利亚最丰饶的放牧地——西区平原，这里原来是火山地区，如今是一片辽阔的荒原，只留下几座醒目的火山锥和火口湖；再加上水汽丰富的西南风受到奥特威山脉的阻隔，降下地形雨，形成了湿凉的气候，使这里成为富饶之地。

## 奥特威山国家公园

自大洋路往内陆行驶，这里的景观立即变换成老树参天的森林景观，从榉木森林绵亘至雷尔斯山，就是奥特威山国家公园。奥特威山脉是由砂岩与页岩所构成，陂势相当平缓。站在山顶，茂林深浅不一的绿意夹杂着马铃薯田的棕红，还有远方海洋的湛蓝，景色非常美丽。

在这片树林中有一条树顶步道，游客抵达后得先穿越雨林，之后才能到达步道的入口。这里设计了一条25米高、600米长的森林步道，蜿蜒在雨林般的树海中，特别是因为这样的高度，让游客仿佛漫步在树顶中，能以不同的角度观赏这片绿意盎然的雨林。这里有高耸的白干山梨树、巨大的黑檀木、山毛榉、树蕨等。

### 十二门徒岩

过了大洋路的中心城市王子镇，首先映入眼帘的精彩奇观是十二门徒岩。这里不仅是澳大利亚著名的地标，同时也是大洋路上最负盛名的景观，不论是在晨曦之中、在迷雾的笼罩下、在汹涌浪涛中，还是在黄昏夕阳的照射下，十二门徒岩的风景都美得令人屏气。

这些立在南洋中的巨石，其实是一千万年前陆地上的沉积岩断崖经过海水与南极洋所带来的强风冲蚀所形成的，岩石的底部渐渐被侵蚀掉，形成拱形的中空形状，当中间的空洞越来越大，无法支撑岩石的重量，于是就逐渐坍塌，形成今日我们看到的海中巨石奇观。

尽管前些年其中一根岩柱耐不住风吹雨打而断裂损毁，但仅存的 11 个海底沉积岩景观似乎一点儿也没受到影响，照样吸引着来自各地的游客。站在岬角边的步道上，一面吹着强风，一面伴随着海浪拍岸的声响，这种神秘的气氛只有亲临现场才能感受。

### 洛克亚德峡谷

洛克亚德峡谷是 1878 年一艘载满来自英国移民的船发生灾难之处，船航行了将近 3 个月，就在抵达墨尔本的前几天，在羊肉鸟岛的外海遇上暴风雨，撞上了岛而下沉。船上有 52 名乘客死于船难，唯独两名 18 岁的年轻人幸运地漂流到洛克亚德峡谷的沙滩上，因此，这里才以这艘船的名字——洛克亚德号命名，以此纪念这桩惨烈的船难。

这两位幸存者在船难发生后，就暂时在沙滩后的峡谷内的岩洞休息，而他们为了求生，一边大声求救，一边徒手爬上悬崖，很幸运地被邻近的农庄主人听到，于是两位幸存者才得以获救。

如今游客来这里，可以顺着木制的阶梯步行到峡谷的沙滩，看看当年两位幸存者曾停留过的洞穴，顺着沙滩步行想象当年船难的情景。

🚌 从墨尔本开往阿德雷得间的灰狗长途巴士，中途会停靠在巴拉瑞特，车程约 1 小时 50 分钟

● **巴拉瑞特野生动物园**
🏠 Corner York 与 Fussell St. 交叉口
🚌 搭巴士 8、9 号可达
☎ (03)53335933
🕐 9:00~17:30
¥ 全票 24 澳元、优惠票 15~21 澳元
🌐 www.wildlifepark.com.au

● **疏芬山**
🏠 Magpie St.
🚌 搭巴士 9、10 号可达
☎ (03)53371100
🕐 10:00~17:00（夏日到 17:30），黄金博物馆 9:30~17:30（夏日到 18:00）
¥ 全票 42.5 澳元、优惠票 19.5~34 澳元（含黄金博物馆）
🌐 www.sovereignhill.com.au

　　巴拉瑞特是一个因淘金热兴起的小镇，现今镇上仍留有 100 年前的矿场，也有原野等景致，是墨尔本郊区一个适合亲子同游的知名观光镇。至于戴乐斯佛，周遭是一片宜人的森林及湖泊，由于附近有知名的赫本温泉，因此这个区域也被称为维多利亚州的 SPA 中心。

### 巴拉瑞特野生动物园

1985 年，澳大利亚保育人士葛雷格·巴克规划出巴拉瑞特野生动物园，占地 16 万平方米。葛雷格原本就对澳大利亚本土的野生动物及生态保育拥有极浓的兴趣，还经常到各地摄影并搜集野生动物，所以园中展示了非常多的爬行动物，最著名的是园中一条长 6 米的大蟒蛇。

袋鼠和树袋熊是澳大利亚最具代表性的动物，在巴拉瑞特野生动物园里，只要拿起园方准备的面包，袋鼠便会从四面八方跑来，但是切记不可喂食自己带来的食物。

### 疏芬山

疏芬山这座户外采金博物馆不仅颇受游客喜爱，就连当地的小朋友都兴高采烈地在河边卷起衣袖，亲自体验淘金的乐趣。

到了这里，游客可以淘金、欣赏拓荒剧场、品尝金矿食物、参观地底矿坑、乘马车游览、参观黄金博物馆等。然而它最吸引人的地方，便是这里所有的工作人员穿着百年前的服饰工作，所以这里不仅是游客参观的景点，也是当地学校举办校外教学的重要基地。

# 住在墨尔本

### 皇冠大都会酒店
Crown Metropol

🏠 8 Whiteman St., Southbank
☎ (03)92928888
💴 双人房每晚 221 澳元起
🌐 www.crownmetropol.com.au

　　2010 年全新开业的皇冠大都会酒店，是皇冠赌场娱乐中心旗下最新的酒店，房间数达 658 间，堪称澳大利亚客房数最多的观光酒店。

　　尽管规模庞大，然而在高效率的管理下，整体气氛悠闲、宁静，完全没有匆忙或拥挤的感觉。皇冠大都会酒店锁定经常旅行的商务人士，建筑外观犹如一架漆黑闪亮的钢琴，简洁的流线造型令人眼前一亮。接待大厅同样时尚而典雅，充满摩登的艺术气息。客房的布置明亮大方，除了舒适的床枕外，还有便利的办公桌与先进的通信设备。

### 王子酒店
The Prince

🏠 2 Acland St. Kilda
☎ (03)95361111
💴 双人房每晚 175 澳元起
🌐 www.theprince.com.au

　　王子酒店曾被国际知名旅游杂志 Condé Nast Traveller 评选为 21 世纪最热门的酒店，除了有 40 间各具特色的客房之外，还拥有澳大利亚最具规模的顶级 SPA——Aurora SPA Retreat，以及盐水游泳池、Circa 餐厅、伏特加酒吧、红酒坊等。在这里，多处家具、摆饰均依场所气氛安排，时而沉静，时而粗犷，是一家风格多样的酒店。

### 林德勒姆酒店
Hotel Lindrum

🏠 26 Flinders St.
☎ (03)96681111
💴 双人房每晚 189 澳元起
🌐 www.hotellindrum.com.au

　　如此新潮的酒店，建筑竟有百年历史，它最早是一家茶馆，今日的林德勒姆酒店有着新颖的设计，全馆色调统一，以茶、灰、黑等深色为主，家饰陈列简单明快，表现出沉稳内敛的气息。旅客可以窝在一应俱全的房内足不出户，享受高级的视听设备，或是待在 1 楼的餐厅、吧台以及英式游艺厅，让住宿也成为时尚的享受。

### 墨尔本威斯汀酒店
The Westin Melbourne

🏠 205 Collins St.
☎ (02)96352222
💴 双人房每晚 275 澳元起
🌐 www.starwoodhotels.com

　　闹中取静的墨尔本威斯汀酒店共有 262 间客房或套房，拥有窗景的阳台直接俯瞰墨尔本闹市区，视野绝佳，内部空间宽敞，每间都配备酒店引以为傲的豪华威斯汀天梦之床，还有宽大的办公桌、先进的通信设施与独立的浴缸及淋浴设施，整体建筑装潢充满时尚的设计感，健身中心、游泳池、桑拿房、水疗中心等休闲设施一应俱全。

### 墨尔本柯林斯诺富特酒店
Novotel Melbourne on Collins

🏠 270 Collins St.
☎ (03)96675800
💴 双人房每晚 239 澳元起
🌐 www.novotelmelbourne.com.au

　　位于柯林斯街上，靠近伊丽莎白街口，墨尔本柯林斯诺富特酒店可以说占据市中心的最佳地理位置，Myer、David Jones、G.P.O. 等大型百货和购物中心还有中央广场等风情巷弄都只需几步路程。

## 墨尔本君悦大酒店
### Grand Hyatt Melbourne

🏠 123 Collins St.
☎ (03)96571234
💴 双人房每晚 232 澳元起
🌐 www.melbourne.grand.hyatt.com

　　斯旺斯顿街以东的柯林斯街，一向被称为墨尔本的"巴黎区"，沿途国际精品名牌店一家接一家，墨尔本君悦大酒店正位于"巴黎区"的中心地带，楼下有 LV、Blgari、Emporio Armani，隔壁是 Hermes、对街是 Chanel。

## 索菲特墨尔本柯林斯酒店
### Sofitel Melbourne on Collins

🏠 25 Collins St.
☎ (03)96530000
💴 双人房每晚 220 澳元起
🌐 www.sofitelmelbourne.com.au

　　位于繁华的柯林斯街上的索菲特墨尔本柯林斯酒店，是澳大利亚最豪华的五星级酒店之一，光是接待大厅恢宏的气势和典雅的艺术装饰就让人感到奢华，难怪获得"艺术饭店"的美称。363 间豪华客房和套房从第 36 层楼开展开，所以每间房都有很棒的视野。2009 年 7 月才落成的 No.35 餐厅位于 35 楼，窗景美、食物佳，颇受推崇。

## 格里豪斯背包客酒店
### Greenhouse Backpacker

🏠 Level 6, 228 Flinders Lane
☎ (03)96396400
💴 每人每晚 30 澳元起
🌐 www.greenhousebackpacker.com.au

　　弗林德斯街上的格里豪斯背包客酒店正位于市中心繁华区，从弗林德斯火车站步行只需要几分钟，所有重要景点、购物区、餐饮集中区都在步行可达的范围之内，不但尽享地利之便，而且干净、整洁、气氛轻松，价格又便宜，是预算较低的旅客非常理想的选择。格里豪斯背包客酒店被澳大利亚旅游局或维多利亚旅游局认定为"背包客最佳住宿地"。

## 墨尔本市中心青年旅馆
### Melbourne Central YHA

🏠 562 Flinders St.
☎ (03)96212523
💴 每人每晚 30 澳元起
🌐 yha.com.au

　　国际青年旅社（简称 YHA）在墨尔本附近共有 3 家分社，其中位于弗林德斯街上的墨尔本市中心青年旅馆是最新的一家，地理位置最棒，也最受欢迎。墨尔本市中心青年旅馆距离墨尔本重要的大门南十字星车站只有 900 米的距离，从机场搭巴士抵达后，步行即至。免费环城电车的车站就在门前不远处，交通可谓方便至极。有通铺及独立的双人房可供选择。

## 墨尔本温莎酒店
### The Hotel Windsor

🏠 111 Spring St.
☎ (03)96336191
💴 双人房每晚 175 澳元起
🌐 www.thehotelwindsor.com.au

　　创立于 1883 年的墨尔本温莎酒店，是全墨尔本最古老的豪华酒店。整体建筑风格洋溢英伦风，1923 年韦尔斯亲王入住之后，便改名为 The Hotel Windsor。酒店共有 180 间客房或套房，分布在 5 个楼层里，由于时常整修，仍维持如新，并且每间客房都有不同的装饰风格，搭配颇具历史的古董家具。

## 斯旺斯顿酒店
### Arrows On Swanston

🏠 488 Swanston St.,Carlton
☎ (03)92259000
💴 双人房每晚 103 澳元起
🌐 www.arrowonswanston.com.au

　　斯旺斯顿酒店属于澳大利亚相当普遍的公寓式酒店，除了提供客房、客厅外，还有简单的厨房设备，让旅客可以自己料理食物，而且长期住宿有优惠，很适合较长时间停留、需要安静空间的旅客。

# 吃在墨尔本

### 亚特兰大餐厅
**The Atlantic**

🏠 8 Whiteman St.,Southbank
☎ (03)96988888
🌐 www.theatlantic.com.au

　　亚特兰大餐厅由澳大利亚知名大厨多诺万·库克所组织的团队经营管理，引进全澳大利亚最新鲜、质量最佳的海鲜，烹调出令人垂涎的佳肴。多诺万·库克从15岁开始学习厨艺，23岁就晋升为名餐厅的主厨，并且获奖无数，天分与厨艺备受肯定。亚特兰大餐厅从生蚝吧台到单点菜单，每个细节毫不马虎，秉持同样的精神，餐厅从装潢、空间设计、服务到经营，无不力求最好，成为亚拉河畔一颗闪耀的明星。

### 纪尧姆酒馆
**Bistro Guillaume**

🏠 8 Whiteman St.,Southbank
☎ (03)92927451
🌐 www.bistroguillaume.
　　com.au

　　2011年5月才崭新开业的纪尧姆法式小酒馆，是由在澳大利亚颇享盛名的法籍大厨纪尧姆·普拉希米所经营的餐厅，也是皇冠娱乐中心目前最新的餐厅。
　　浪漫的大厨全力营造一个气氛轻松自在的用餐环境，让食客们可以尽情享受精心烹调的美味佳肴。至于佐餐酒，酒馆精选了10款白酒、10款红酒，其中一半来自法国、一半产自维多利亚州本地知名的酒庄，很能彰显出本餐厅佳肴的特色。

### Silks

🏠 8 Whiteman St.,Southbank
☎ (03)92926888
🌐 www.silksatcrown.com.au

　　位于皇冠酒店2楼的Silks，是颇受墨尔本当地人推崇的中国料理餐厅，经典菜单包括四川、广东、上海等一系列来自中国不同区域的代表佳肴，以及琳琅满目的茶饮选择，不但口味被当地的华人和西方人接受，而且部分包厢用餐时正好可以俯瞰亚拉河港景，晚餐时还可欣赏定时出现的火把秀，极尽味觉、视觉、听觉等全方位感官享受。

### 花鼓
**Flower Drum**

🏠 17 Market Lane
☎ (03)96623655
🌐 www.flower-drum.com

　　墨尔本的花鼓位于唐人街的一条小巷里，外观并不起眼，却是当地名气很大的粤菜餐厅，1975年开业至今，在国际媒体杂志票选中获奖无数，曾经被纽约时报评选为"中国境外最棒的中国料理餐厅"，既高档又昂贵，但是全球各地的老饕们仍争相前往，所以门口东方和西方面孔的食客都有，2009年中国除夕当晚，香港知名的美食家蔡澜还特地带领团队前往用餐。

### 香草市场
**Spice Market**

🏠 Beaney Lane off Russell
☎ (03)96603777
🌐 www.spicemarket.net.au

　　这家酒吧的灵感来自古老的丝路，所以内部装潢融合了小亚细亚与东亚的异国风情，酷爱周游世界的店主，把自己搜罗的古董作为酒吧的摆设。为了符合墨尔本特有的巷弄文化，酒吧的入口故意设计为从比尼街进入，颇有柳暗花明又一村的感觉。酒吧里的餐食也以中东和地中海式的烹调为主，添加现代的西洋创意，符合店名香草市场（Spice Market）的主题，颇受当地人推崇。男士入场请穿着正式服装。

## 中华名小吃

🏠 269 Swanston St.
☎ (03)96638181

　　中华名小吃是这一带生意相当兴隆的便宜中式餐馆，菜单包含烧卖、叉烧包、葱油饼、上海生煎包等中式点心，也有台湾牛肉面、西北羊肉汤面、北京炸酱面、四川担担面、羊肉泡馍等面点，口味相当地道。用餐时可看到透明玻璃的厨房里厨师们忙着包水饺的实况。平日午餐也有特惠的套餐可供选择。

## Your thai

🏠 255 Swanston St.
☎ (03)96638010

　　在最热闹的斯旺斯顿街头靠近朗斯代尔街一带，因为已经靠近唐人街的入口，不但中式餐馆很多，还夹杂着不少泰国、越南、印度尼西亚等口味的亚洲料理餐厅。其中的 Your thai 泰式料理气氛轻快活泼，菜色丰富，而且分量十足，口味也非常不错，每道主食只要 10 澳元，是搜寻便宜美食的好选择之一。

## Taxi Dining Room

🏠 Federation Square, Swanston St.
☎ (03)96548808
🌐 www.transporthotel.com.au

　　位于 Transport Hotel 里的这家餐厅，因结合澳式及日式料理而得名，更曾荣登澳大利亚维多利亚州美食权威杂志 The Age Good Food Guide 最佳餐厅。挑高空间让阳光恣意洒进极具设计感的餐厅内，身着白制服的专业服务人员往返穿梭，在这里用餐可以说是味蕾与视觉的双重享受。

　　餐厅的主厨采取挑高的设计，搭配金属支架的整片透明玻璃，让户外的景观与室内的节奏融合。不仅如此，开放式的厨房也让餐厅增加不少用餐的乐趣，看着新鲜的刺身摆放在玻璃柜中，厨师熟悉的刀工让人误以为来到了东京的料理屋，而一旁色彩鲜艳的食材，更是让人看了食指大动。

## Tutto Bene

🏠 Mid-level Southgate
☎ (03)96963334
🌐 www.tuttobene.com.au

　　Tutto Bene 中文意思是"每样东西都很棒"！1998 年意大利总统访问澳大利亚时，就是由这里的澳籍行政主厨为总统烹调意式米饭（Risotto）。被誉为澳大利亚意式米饭之王的主厨西蒙，曾经在意大利厨艺竞赛中荣获多个奖项，可说是位备受尊敬的澳大利亚籍意式料理厨师。

## Brunetti

🏠 194-204 Faraday St., Carlton
☎ (03)96472801
🌐 www.brunetti.com.au

　　利根街是墨尔本市区内历史相当悠久的美食街，也是拥有"小意大利"美称的美食街。

　　如果偏好意大利佳肴，那么，Brunetti 是其中颇具知名度的餐厅，其简约明亮的风格，还有地道美味的意式料理大受好评。餐厅所供应的意大利面和比萨，让当地人都竖起大拇指称赞不已。

## Ezard at Adelphi

🏠 187 Flinders Lane
☎ (03)96396811
🌐 www.ezard.com.au

　　Adelphi Hotel 可以说是墨尔本的代表地标之一，Ezard 餐厅就位于 Adelphi Hotel 地下室，以无可挑剔的服务、创新的口感、丰富的酒藏、优雅的环境，以及融合了强烈新式澳大利亚料理的风味荣获墨尔本《时代报》"最佳新餐厅"的头衔。冷峻的室内设计风格，极具现代感的装饰，整个环境显得平稳、素净，连洗手间的环境都相当好。

LIMITED EDITION

# 购在墨尔本

## Aēsop
🏠 35 Albert Coates Lane
☎ (03)96392436
🌐 www.aesop.com

创始于 1987 年的 Aēsop，是澳大利亚知名的植物性护肤产品，着重以简明、高效能的成分，帮助身体各部位的肌肤迅速获得平衡。目前已研发出 40 余种专用于身体各部位的独特产品，使用多种植物萃取方式，包括蒸馏的精油、冷轧法的完全植物油、冷冻的粉末和液态的萃取物等，具有优异的产品效果、令人愉悦的味道与使用的安全性，每项产品都可以帮助调理身体不同的失衡状况。

## Crumpler
🏠 85-87 Smith St., Fitzroy
☎ (03)94175338
🌐 www.crumpler.com

被称为"小野人"的 Crumpler，是澳大利亚非常知名的包包品牌，创立于 1992 年，最早以大大的帆布邮差包出名，因为设计简洁、坚固耐用而大受欢迎，之后又推出一系列相机包、减压背带包、后背包、行李箱等，都颇有设计感。Crumpler 的第一家店位于市区东北方的费兹罗区，因为展售空间比较宽敞，款式齐全；如果不想跑那么远，市中心的中央车站里面也有专卖店。

## Gwendolynne Salon & Studio
🏠 71 Kerr St., Fitzroy
☎ (03)94157687
🌐 www.gwendolynne.com. au

Gwendolynne Salon & Studio 满室的礼服都是设计师 Gwendolynne 特别手工订制，室内营造的静谧、舒适的空间，让客人可以慢慢享受在这里的购物体验，这种享受在服饰里，也在氛围中。喜爱法国蕾丝的她，融合日本设计师的理念，设计历久弥新、不易落伍的款式，这里的礼服经改装后，仍适合在其他公共场合穿着，所以虽然价格在 2500~3000 澳元，但绝对经得起时代的考验。理查德·纳龙则是专门设计帽子的设计师，两人联手打造的沙龙，非常受建筑师、设计师及模特的青睐。

## Spencer & Rutherford
🏠 279 Little Collins St.,
☎ (03)90907053
🌐 www.spencerandrutherford.com

Spencer & Rutherford 以设计精品包包而开始受瞩目，在法国、伦敦、加拿大、日本、韩国等都有专柜。琳琅满目的款式从手提电脑包、宴会包、休闲包到皮夹，一应俱全，不过经典款式非晚宴包莫属，每年夏、冬固定换季，但用色及造型总是像春天的色彩般缤纷。

设计师从环游世界的祖母身上得到灵感，从设计风格上看得出融合各地文化而自成一格的品位，笔下设计的样式都像赋予了魔法般，让人深深着迷。价格在 100~600 澳元。

## Jason Grech

🏠 29-31 Little Leveson St. North Melbourne
☎ (03)93293559
🌐 www.monarchcakes.com. au

这家服饰店运用剪裁及具有塑身效果的材质，让每个女孩都能展现自己与生俱来的性感魅力。

面对数不清的服饰，拿不定主意吗？这里有从头到脚帮你做整体造型的服务人员，设计师Jason以完美展现女人外在为兴趣，针对不同身材、比例设计出不同的款式，每件手工制作的衣服只出四五件，让客人没有撞衫的困扰。

## The Games Shop

🏠 Shop 7, Royal Arcade, 335 Bourke St.
☎ (03)96503592
🌐 www.gameshop.com.au

在市中心知名的皇家拱廊，有一家专卖大人玩具的The Games Shop，小小的店面里摆满了搜罗自世界各地的益智型游戏，包括来自中国的麻将和象棋，以及积木、拼图、跳棋、围棋、万花筒等。1978年开店时，这样的专卖店显得独一无二，目前俨然成为热门的景点之一，已培养出一批忠实粉丝。

## Suga

🏠 Shop 20, Royal Arcade, 335 Bourke St.
☎ (03)96635654
🌐 www.suga.com.au

Suga是一家色彩缤纷、人见人爱的糖果屋。在墨尔本，无论大人小孩几乎都知道有这么一家店，这家店每天还会不定时现场表演制糖。除了皇家拱廊，在墨尔本的维多利亚女王市场内也有分店。

## Koko Black

🏠 Shop 4, Royal Arcade, 335 Bourke St.
☎ (03)96398911
🌐 www.kokoblack.com

Koko Black巧克力店和Suga糖果店一前一后位于皇家拱廊里，都是游客目光聚集的人气名店，其原料是来自比利时的高级巧克力，在墨尔本也是家喻户晓。除了这里，在墨尔本的维多利亚女王市场和柯林斯街，一样可以找到这家店。

## Perfect Potion

🏠 Shop 007 Menzies Place, Ground Floor Melbourne Central, 211 La Trobe St.
☎ (03)96394786
🌐 www.perfectpotion.com. au

Perfect Potion是澳大利亚知名的护肤保养品牌，提供最天然、萃取自植物的香氛、精油、身体各部位的保养产品，给予身体温和而全面的呵护。由于非常注重自然有机生产的一贯性，所有产品都经过有机认证（ACO）、天然化妆品认证（BDIH）等多重把关，所以消费者使用起来分外安心。在墨尔本中央车站（Melbourne Central）有专卖店。

## Raoul

🏠 8 Whiteman St.,Shop 126, Level 1
☎ (03)96999638
🌐 raoul.com

Raoul是一个新崛起的国际服饰品牌，以简洁、利落的剪裁，创造出高雅尊贵的气质，颇受时尚人士推崇。男、女装并重，产品线包含上衣、洋装、长裤、短裤、裙子、包包、腰带、鞋款等，无论是轻松的休闲系列，或是端庄的正式服装，都既有型又高雅舒适，目前在澳大利亚只有一个专卖店，位于皇冠赌场娱乐中心的1楼，相当受人瞩目。

# 布里斯班

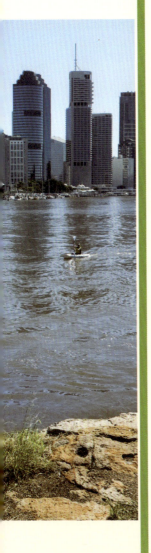

　　身为昆士兰州的首府，同时也是澳大利亚第三大城市的布里斯班，位于澳大利亚本土的东北部，拥有四季如春的气候，被誉为"阳光之城"。

　　布里斯班不像悉尼或墨尔本那般商业气息浓厚，取而代之的是昆士兰州普遍的悠闲气息，游客来到这里，可以感受到城市散发出来的优雅闲适的气质。同时，这里还是美食天堂，著名的澳大利亚小龙虾和布里斯班葡萄酒都可在此品尝。

　　布里斯班河贯穿整个城市，市中心精巧细致，你可以花一点时间，到植物园、南岸河滨公园走走，也可以到皇后街购物中心享受购物的乐趣；喜欢户外活动的人，不妨试试攀爬故事桥，感受爬到80米高处，尽览布里斯班城市美景的快意；也可以到户外冒险中心，划独木舟、攀岩、体验绳索下降、有氧运动等课程，让自己的假期充满活力。

# 布里斯班交通

### 如何到达——火车

长程线火车和巴士皆会停靠在市区西方罗马街上的布里斯班转运中心（Brisbane Transit Centre）内（请注意不是在中央车站），火车站位于 1 楼。

从墨尔本到布里斯班可搭 XPT（Express Passenger Train）列车（经悉尼转车），从墨尔本到悉尼，车程约 11 小时；从悉尼到布里斯班可搭 XPT 或 Country Link Coach Network 列车，车程约 14 小时；从凯恩斯到布里斯班可搭 The Sunlander 或 The Tilt Train 列车，车程约 25 小时。

**Brisbane Transit Centre**
☎ (07)32384500
🏠 www.brisbanetransitcentre.com.au

**澳大利亚铁路**
🏠 www.railaustralia.com.au

### 如何到达——巴士

各大巴士公司同样停靠于布里斯班转运中心（巴士站位于 3 楼）。从悉尼到布里斯班约 16 小时、从墨尔本出发约 28 小时（不含在悉尼转车时间）、从凯恩斯出发约 30 小时。

**Greyhound**
☎ 131499
🏠 www.greyhound.com.au

**Murrays**
☎ 132251
🏠 www.murrays.com.au

**Firefly**
☎ 1300730740
🏠 www.fireflyexpress.com.au

**Premier**
☎ 133410
🏠 www.premierms.com.au

### 如何到达——机场至市区交通

布里斯班机场距市区约 13 千米，国内、外航站楼相距约 2 千米，转机乘客可以免费搭乘接驳火车（Airtrain）或 T-Bus 往返两航站楼之间。

从机场到市区车程 15~20 分钟、到黄金海岸约 100 分钟。
☎ (07)34063000
💲 T-Bus 单程 5 澳元
🏠 bne.com.au

### 接驳火车

可搭乘机场接驳火车到市区；也提供往返国内、外航站楼及到黄金海岸的服务。

☎ (07)32163308

🕐 5:00-19:59，高峰时间每15分钟1班；从机场到市区车程约22分钟

💲 单程15澳元、往返28澳元

🏠 www.airtrain.com.au

### 机场巴士

不但可从机场到市区的袋鼠角（Kangaroo Point）和布里斯班转运中心，还能停靠各大饭店之间；如事先预约，也可到饭店接乘客至机场。

☎ (07)33589700

🕐 巴士时间表配合飞机起降时间，班次很多

💲 单程全票16澳元、优惠票8澳元

🏠 www.coachtrans.com.au

### 出租车

🚕 Black and White Cabs：133008
Yellow Cab：131924

💲 从机场到市区30~35澳元

## 市区交通

大众交通工具包括巴士、火车和渡轮3种，车票在有效时间内皆可互相转乘，各详细时刻表和停靠点可上网查询。

票价依区域不同，布里斯班以市区为中心，向北、西、南延伸（包括黄金海岸）共23区，其中布里斯班涵盖了5区，但游客会前往的主要景点基本在2区内，车票从买票开始的2小时内有效，11区以上则可再延长1.5小时。

车票可在车上、渡轮上、火车站柜台，或火车、巴士转运站的自动售票机上购得；但买单程票不如买Go Card来得划算。

💲 1区全票4.5澳元、优惠票2.3澳元，2区全票5.2澳元、优惠票2.6澳元

🏠 translink.com.au

### 巴士

布里斯班有一般巴士（Bus）和免费巴士（Free Loop Bus）两种。前者线路密集，以皇后街购物中心（Queen St. Mall）地下巴士车站为主要停靠点，后者为布里斯班旅游局耗资10万澳元所打造的，从昆士兰科技大学（简称

# 漫游
## 澳大利亚

Q.U.T.）出发，停靠站多为主要巴士站、火车站、码头等，如政府区、皇后街购物中心、市政厅、中央车站、河滨区、伊格尔街码头、斯坦福德饭店、植物园、乔治国王广场等。巴士外观为红色，车体则使用环保的天然材料。免费巴士几乎可以到达市区所有主要景点，游客可以多加利用，但只有周一至周五才行驶。

☎ 131230

🕐 一般巴士 6:00–23:30，每10~15 分钟 1 班；免费巴士周一至周五 7:00–18:00，每15 分钟 1 班

### 市区火车

有 10 条线路共 139 个停靠车站连结整个布里斯班市区和市郊（其中还包括连结布里斯班机场到市区和黄金海岸的接驳火车）。所有火车路线都会经过市区的中央车站、罗马街站及 Brunswick St. Station 站，这 3 站是主要的转乘点。

### 渡轮

可搭乘渡轮通行于布里斯班两岸间，City Cat 从市区西南方昆士兰大学往返于东北方的汉密尔顿的布雷茨码头，中间主要的停靠点包括北码头大街（可前往皇后街购物中心）、南岸、河滨区、新农庄。

🕐 5:27–11:52，每 20~30 分钟 1 班

### 出租车

墨尔本的市区有很多出租车招呼站，也可以打电话叫车。

☎ Black & White：131008、Yellow Cab Co：131924

¥ 周一至周五 7:00–19:00 起步价 2.8 澳元，每千米 2.01 澳元，车停时间每分钟 0.74 澳元；周一至周五夜间 19:01 至次日 6:59 和周六、周日全天起步价 6.2 澳元，每千米 2.01 澳元，车停时间每分钟 0.74 澳元；电话叫车皆加价 1.5 澳元

🌐 www.victaxi.com.au

## 城市观光巴士

在一日内可以不限次数搭乘，在沿途的19个停靠站自由上下车，重要的搭乘点包括邮局广场、市政厅、河滨区、罗马街公园、布里斯班转运中心、库莎山、市立植物园、南岸、昆士兰海洋博物馆、唐人街等。另外也会停靠City Cat渡轮口，该票也可以免费搭乘渡轮。

🏠 从邮局广场出发，可在出发点、车上、国际航站楼南昆士兰游客服务中心、国内航站楼Airtrain柜台、布里斯班转运中心、位于皇后购物街的游客服务中心购票

🕐 9:00-15:45，每45分钟1班

☎ (07)34038888

💴 全票35澳元、优惠票20澳元

🌐 www.citysights.com.au

## Go Card

这张卡可以用于巴士、火车和渡轮这3种交通工具，具有储值功能；最重要的是车费比使用一般票可节省至少30%的费用。

车票可于网站、便利商店、市政厅游客服务中心、车站和电话亭购买。

☎ 131230

🕐 高峰时间为周一至周五（法定假日除外）2:00-9:00、15:30-19:00，离峰时间为周一至周五9:00-15:30、19:00至次日2:00及周六周日和法定假日全天

💴 1区全票高峰时间3.05澳元、离峰时间2.44澳元，优惠票高峰时间1.53澳元、离峰时间1.22澳元；2区全票高峰时间3.58澳元、离峰时间2.87澳元，优惠票高峰时间1.79澳元、离峰时间1.44澳元。首次购买Go Card需收手续费5澳元。押金5澳元，第一次储值至少5澳元（依购买处不同不一），用毕后可退回押金

🌐 translink.com.au

## 澳大利亚综合通行证

最新推出的一种可免费通行从全澳大利亚含布里斯班的70个景点和行程当中5个或7个的通行证。

## 旅游咨询

### 布里斯班游客服务中心

🏠 Albert 和 Queen St. 交叉口

🚌 从布里斯班转运中心步行10~12分钟可达

☎ (07)30066200

🕐 周一至周六9:00-17:30（周四延长至19:00），周日9:30-16:30

🌐 www.ourbrisbane.com

# 精华景点

## 故事桥
(Story Bridge Adventure Climb)

- 170 Main St., Kangaroo Point
- 从布里斯班转运中心搭巴士 124、174、199、375 路可达
- 1300254627
- 全票89~130澳元、优惠票75.65~110.5澳元(各时段不一)
- www.storybridgeadventureclimb.com.au

继悉尼的港口大桥、新西兰的奥克兰大桥后，布里斯班的故事桥也在 2005 年 10 月推出攀登活动。故事桥是由澳籍工程建筑师布拉德菲尔德所设计的，同时他也是悉尼海港大桥的设计者，因此故事桥也常被拿来和悉尼海港大桥相比较。落成于 1940 年的故事桥，虽然知名度不及悉尼海港大桥，但它长 1 072 米、宽 24 米、高 74 米的规模，并且采用百分之百澳大利亚钢铁，比起采

用外国建材的悉尼海港大桥来说，可以说是澳大利亚人的骄傲。

想要攀爬故事桥不难，游客可以任意选择黎明、白天、黄昏和晚上 4 个时段（黎明只有周六开放）攀爬，其中以黄昏时段最为热门，因为游客可以陆续欣赏到白天、黄昏及夜晚 3 种不同的景观。每批爬桥的游客限制在 12 人，爬桥前会先进行 20 分钟的装备训练和酒精测试，之后在教练的带领下，一步步地展开 2 小时的爬桥之旅。爬桥途中，游客可以一面欣赏周遭的风景，一面听教练的导览，基于安全，游客无法携带相机拍照，因此教练会选择 4 个定点，帮游客拍照留念。

当大家爬到故事桥的最高处时（距河面约 80 米高），此时可 360°欣赏布里斯班的城市景观，蜿蜒的布里斯班河和远方的内陆山景与海洋全能尽收眼底。

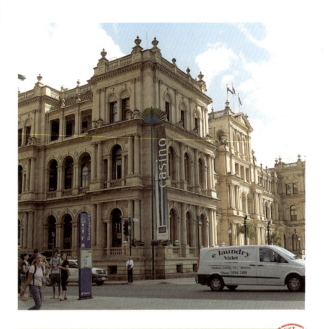

**皇后街购物中心**
(Queen St. Mall)

- 🏠 位于 Edward St. 和 George St. 间
- 🚍 从布里斯班转运中心步行 10~15 分钟或搭巴士 66、88、345、385、444 路可达；或搭免费巴士于 Queen St. Mall 站下
- 🕐 一般商店周一至周四 9:30-18:00、周五 9:30-21:00、周六 9:00-17:00、周日 10:00-17:00，David Jones 和 Myer 周一至周四 10:00-19:00、周五 10:00-21:00、周六 9:00-17:30、周日 10:00-18:00
- 🔗 www.bnecity.com.au

> MUST-VISIT PLACES
> 必游之地

　　皇后街购物中心是布里斯班市区最热闹的购物街，长达 0.5 千米的皇后街，虽然比起悉尼或墨尔本等城市来说算是"迷你"的购物区，不过，这里聚集了大卫琼斯和迈尔两大百货公司，还有许多家购物中心、时装店、书店、纪念品店……几乎可以满足每位购物者。

　　由于皇后街已经规划成人行步道区，因此马路上也设立了许多的露天餐厅和咖啡厅，不论白天或是晚上，皇后街购物中心总是聚集许多当地人或游客。值得一提的是，游客服务中心就位于皇后街的中点，对想要索取旅游资料的游客来说，十分便利。

## 河岸冒险中心
(Riverlife Adventure Centre)

🏠 Clem Jones Promenade

🚌 从市区 Eagle St.Pier 搭 Thornton St. Ferry 渡轮到对岸的 Thornton St. 码头下，步行 3~5 分钟可达

☎ (07)38915766

🕐 周一至周四 9:30-16:30，周五、周六 9:30-22:00，周日 8:30-17:00（各活动时间不一，请上网查询）

¥ 绳索下降和独木舟 39 澳元、攀岩 49 澳元

🌐 www.riverlife.com.au

星级推荐

这里提供许多好玩又刺激的课程，包含划独木舟、攀岩、体验绳索下降、有氧运动等课程。游客只要预先报名自己喜爱的课程，就可以前来体验。以划独木舟课为例，教练会先教导学生认识独木舟、如何操作划桨、如何在水中转弯等技巧，之后学员就可以在河里练习。如果完成划独木舟的课程，以后就可以单独租赁器具，和好朋友一同在布里斯班河划个过瘾。其他的活动也是如此，尤其是攀岩活动，可以选择在夜间上课，以避开炎热的阳光。

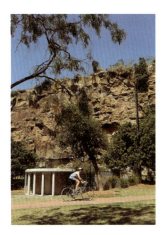

## 昆士兰现代美术馆 (Queensland Gallery of Modern Art)

🏠 Stanley Place, South Bank
🚌 从布里斯班转运中心搭巴士 340、345、385、444 号可达；或搭市区火车于南布里斯班站下
☎ (07)8407303
🕐 周一至周五 10:00-17:00，周六、周日 9:00-17:00
🔗 qag.qld.gov.au

昆士兰现代美术馆是澳大利亚第二大公立美术馆，耗资 3 亿澳元的布里斯班土地重新开发，整个美术馆就属于其中一部分。昆士兰现代美术馆展览内容包括了过去 30 年的电影和多媒体，以及澳大利亚当代艺术、澳大利亚原住民艺术和亚太地区等国际作品。游客可参加馆内每日定时的免费导览行程。

## 南岸河滨公园 (South Bank Parklands)

🚌 从布里斯班转运中心搭巴士 66、111、222、345、385 号可达；或搭 City Cat 渡轮于 South Bank 站下
🔗 www.visitsouthbank.com.au

原本是 1988 年万国博览会的会场地址，展览结束后，政府想改建成公寓住宅，但遭市民反对，所以改建成一座亲水公园。公园里除了餐饮与停车费之外，其他全部免费，是所有市民休闲放松的好去处。

南岸河滨公园里除了有广大的草地与树林、露天音乐台、餐厅，还有一处人工海滩，沙滩衬着湛蓝海水，大人小孩都玩得很开心。池边草地上还有烤肉区，许多人全家出动，其乐融融。

**布里斯班之轮**
(The Wheel of Brisbane)

🏠 Russell St., South Bank

🚌 从布里斯班转运中心搭巴士 66、111、333、444 路可达；或搭 City Cat 渡轮于 South Bank 下；或搭市区火车于南布里斯班站下

☎ (07)38443464

🕐 周一至周四 11:00-21:00，周五、周六 10:00-23:00，周日 10:00-21:00

💴 全票 15 澳元、优惠票 2~12 澳元

🌐 thewheelofbrisbane.com.au

*必游之地*
*MUST-VISIT PLACES*

　　继英国伦敦眼和新加坡摩天观景轮之后，布里斯班也有一座摩天轮被当作新地标。这座位于布里斯班河南岸公园的布里斯班之轮，于 2008 年 8 月正式启用。当初要在布里斯班河畔建造摩天轮，是为了纪念 1988 年布里斯班世界博览会 20 周年与昆士兰省成立 150 周年，因此对布里斯班居民来说，意义相当重大。虽然 60 米的高度在世界摩天轮中不算出众，但因为城市视野开阔，坐上摩天轮依旧能把布里斯班广场、旧省立图书馆、旧总督府、加巴体育场等著名景点尽收眼底。布里斯班之轮共有 42 个空调座舱，每个座舱可容纳 6 名大人和 2 名儿童，旋转一圈大约需要 12 分钟。

## 佛迪裘谷（唐人街）
(Fortitude Valley)
(Chinatown)

🚌 从布里斯班转运中心搭巴士 66、196、203、305、375、470、475 路可达；或搭市区火车于 Fortitude Valley 站下

🕐 全天

¥ 免费

距离布里斯班市区北方约 1 千米的佛迪裘谷，原本只是一处普通的住宅区，在 1849 年，该地以抵达布里斯班的新移民所搭乘的一艘船——佛迪裘号命名，这里也是布里斯班唐人街的所在地。

1960 年之前，这里都是以售卖各种商品的大盘商为主，1990 年之后，佛迪裘谷才慢慢发展出具有特色的商圈文化。如今，佛迪裘谷代表的是继市区外，另一处有多元文化且具有多变性的新兴时髦文化区域，从精品店、家饰店到餐厅、咖啡厅，都让布里斯班的居民喜爱不已。

想要探索佛迪裘谷并不难，首先可以不伦瑞克购物街为起点，这里有复古且具个性的时尚小铺和精品店。逛街之余，建议游客不妨注意一下周边的建筑，这里仍旧保存许多百年的古迹建筑，比如位于安大街和布劳街交叉口的老邮局、Mc Whirters 百货公司等。

**西洛美酒庄**
(Sirromet Winery)

🏠 850 Mount Cotton Rd., Mount Cotton

🚌 从布里斯班开车走 22 号公路 (Old Cleveland Rd.) 往东，靠右侧车道行驶，遇分岔继续走 22 号公路 (Moreton Bay Rd.) 到 45 号公路 (Mount Cotton Rd.) 右转，往南走约 3.7 千米，即可在左手边看到入口；或从黄金海岸出发，走 Pacific Motorway 往北，在 30 号出口下交流道，靠右侧车道 ( 往 Cleveland)， 沿 Beenleigh-Redland Bay Rd. 东行，过 2 个圆环后上 47 号公路，到 45 号公路 (Mount Cotton Rd.) 左转，往北走约 9.6 千米，入口在右手边

☎ (07)32062999

🕐 试酒导览行程周三、周四 12:00，周五 10:30、12:00、14:30， 周六、 周日 10:30、11:00、12:00、12:30、13:30、14:00、15:00、15:30，1~1.5 小时

¥ 试酒导览行程每人 20 澳元

🌐 www.sirromet.com

　　西洛美酒庄位于布里斯班和黄金海岸之间的棉花山上。2000 年才成立的酒庄，早已成为昆士兰的传奇，因为在短短 10 几年之内，西洛美出产的葡萄酒便已夺下海内外 450 多项大奖。除了适合葡萄生长的自然条件外，完善的设备、纯熟的技术与精确的配酒，处处都是西洛美登峰造极的重要因素，而回收废气转化为动能的生产方式，也让这里的酿酒过程非常环保。

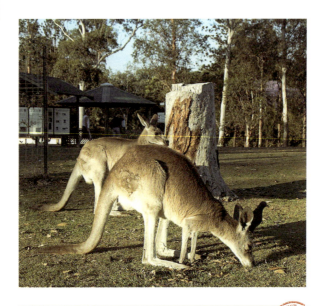

## 龙柏树袋熊动物园
(Lone Pine Koala Sanctuary)

🏠 Jesmond Rd., Fig Tree Pocket Brisbane

🚌 从布里斯班转运中心搭巴士 430、446 号，车程约 1 小时；或从布里斯班市区 Cultural Centre Pontoon 10:00 搭 Mirimar 游艇，船程约 1 小时 20 分钟（回程 13:30 出发）；或搭出租车，车程约 15 分钟，车费 20~40 澳元

☎ (07)33781366

🕐 9:00~17:00

💰 全票 32 澳元、优惠票 21~28 澳元

🌐 www.koala.net/index.htm

必游之地 MUST-VISIT PLACES

位于布里斯班郊区的龙柏树袋熊动物园，是全球最大、最早成立的树袋熊动物园。从当初仅有 2 只树袋熊开始，到现在已孕育出 130 多只，这里无疑是亲近树袋熊的最佳地点。

树袋熊是这里的招牌明星，游客来到动物园的第一件事，就是可以亲自抱着可爱的树袋熊拍照，这是非常难得的机会，因为全澳大利亚仅剩昆士兰省还开放这一活动项目。

除了树袋熊外，在动物园内还有许多独特的澳大利亚原生动物，像是袋鼠、七彩鹦鹉、丁狗、袋熊……而游客不仅可以观赏牧羊犬赶羊、摸蛇，也可以购买饲料近距离喂食袋鼠，幸运的话，还会看到袋鼠育儿袋内的小宝宝。

## 摩顿岛
(Moreton Island)

🚌 从布里斯班附近的 Holt Street Wharf 搭渡轮，
船程约 75 分钟，可联络唐格鲁玛海豚度假村接送，
往返船费全票 75 澳元、半票 40 澳元；或从布里
斯班机场搭乘小飞机，航程约 15 分钟

● **唐格鲁玛海豚度假村**

☎ (07)36372000

🏠 www.tangalooma.com

　　摩顿岛是世界第二大沙岛，比起第一大的芬瑟岛，
或许在自然生态上稍稍逊色，但摩尔顿岛交通方便、旅
游资源丰富，非常适合旅游。摩尔顿岛全岛均为细沙，
游客到此除了可在细软的沙滩上戏耍外，还可在一座
座将近 5 层楼高的沙丘上进行一种别处少见的刺激活
动——滑沙。

　　唐格鲁玛海豚度假村是摩顿岛上唯一的度假旅馆，位
于岛中央，不但提供住宿，也提供许多活动，住宿的游客
可以按自己的喜好自选行程。此外，由于地理位置的关系，
唐格鲁玛度假村终年都会有野生海豚聚集，6 月底到 10 月
还可以赏鲸，不论是体验自然生态、冒险活动，或是只想
休息一番，在唐格鲁玛都能如愿以偿。

# 周边景点

## 黄金海岸
**(Gold Coast)**

🚌 从悉尼中央车站或布里斯班转运中心可搭灰狗巴士前往冲浪者天堂，从悉尼车程约 13.5 小时、从布里斯班约 1 小时 20 分钟

　　黄金海岸是澳大利亚最负盛名的度假胜地，从布里斯班以南连绵 70 多千米的海岸线均属于黄金海岸，由于地属亚热带，终年阳光普照。

　　黄金海岸除了有 26 个热闹缤纷的沙滩之外，沿线还有很多国际水平的高级度假饭店、30 多个主题式游乐园、12 座热带雨林国家公园，以及 50 座以上的高尔夫球场等，可以说是个设施完善的度假天堂。

## Q1 景观台和 Q1 SPA

(Observation Deck & Q1 SPA)

🏠 Surfers Paradise Blvd, Surfers Paradise

🚌 从冲浪者天堂游客服务中心往南步行 3~5 分钟可达

☎ (07)55822700

🕐 周日至周四 9:00-21:00，周五、周六 9:00 至次日凌晨

💴 全票 21 澳元、优惠票 12.5~17 澳元

🖱 www.qdeck.com.au

*必游之地 MUST-VISIT PLACES*

Q1 景观台可以说是黄金海岸最高的建筑，同时也堪称昆士兰州第一高。不论身在冲浪者天堂的哪一角落，都可以看到这栋耸入云霄的新颖大楼，这是冲浪者天堂最新的旅游景点。

高 235 米的 Q1 是结合娱乐、住宿与私人住宅的大楼，于 2002 年开始兴建，它使用了 61000 平方米的水泥，

9000 千克的钢铁和超过 9000 片的玻璃，只要 42.7 秒就可搭乘电梯直上 77 楼的景观台。

在拥有 360°景观的玻璃窗景观台上，可以尽情享受黄金海岸美丽的景致。从一片湛蓝的大海与蓝天，到冲浪者天堂高耸的建筑景观和远方的金黄色沙滩，都能一览无余。

如果觉得还不过瘾，也可以再爬高一层楼试试可否看到更远的天际。78 楼的景观台除了有大型的透明玻璃外，还会播放昆士兰州的历史与兴建 Q1 的短片，让游客可以更进一步了解 Q1 的重要地位。此外，建议不妨在 77 楼的天空酒吧喝杯鸡尾酒或咖啡，趁此放慢脚步，好好享受这难得的高空景观。

另外，景观台下面就是拥有 526 间客房的 Q1 SPA，所有的客房皆设计成白色色调，再搭配大型的时尚的家具与落地玻璃窗，待在房间内，也能饱览黄金海岸的壮观风景。英国著名的时装杂志 *Harpers & Queen* 将其列为世界百大SPA 之一，而 *Condé Nast Traveller* 更评选它为澳大利亚第一的 SPA。

**冲浪者天堂**
(Surfers Paradise)

 Surfers Paradise
位于黄金海岸市中心，步行可达
全天
免费

几乎与黄金海岸齐名的冲浪者天堂，是每位游客到这里的必游景点。绵延数千米长的金黄色海滩和绝佳的冲浪场地，聚集了许多慕名前来的冲浪者，再加上沿着海滩兴建的高楼度假公寓与旅馆、热闹缤纷的商店与购物商场，让冲浪者天堂成为一处度假胜地。

冲浪者天堂的主要区域集中在卡威尔商业街的周遭，这里有许多商场、餐厅、咖啡厅和纪念品店，顺着卡威尔商业街往滨海大道方向前进，就会抵达冲浪者天堂海滩。海滩上总是挤满了享受日光浴的人，不时还会看到冲浪者拿着冲浪板准备一试身手，而许多慕名而来的游客也多半集中在此。

到了夜晚，冲浪者天堂的人潮似乎没有减少，有许多人选择在这里吃晚餐，再加上大多数商家为了服务众多的游客，商店也会营业到很晚。值得一提的是，每周三和周五晚上，滨海大道上有热闹的海滩夜市，售卖具有当地特色的饰品、食品、护肤产品、手工艺品等。

**坦莫宁山**
(Tamborine Mountain)

🚌 这里没有巴士抵达，需自行开车前往。自黄金海岸出发顺着 Pacific Highway 往北走，在 Oxenford 出口下高速公路，顺着路往山上方向行进，之后会看到一个圆环，圆环右转即可抵达画廊小路；在画廊小路的尽头后有一个圆环，圆环右转转入 Eagle Heights Rd.，之后会遇到一个 T 字形的交叉路口，上面标示着 Gelssman Drive，在此右转顺着 Brisbane–beaudesert 标示前进，自 T 字形的交叉路口行驶约 1.25 千米，即可看到左边的鸣禽雨林度假酒店的标志

坦莫宁山离黄金海岸约半小时的车程，顺着乡间小道慢慢行驶，远离了黄金海岸的喧嚣与碧蓝的太平洋，就会抵达一大片绿色森林，当地人称为黄金海岸内陆。

这里常被喻为黄金海岸的后花园，目前规划为 9 个国家公园，坦莫宁山区就是其中之一。

青葱翠绿的森林和乡野间的悠闲景致，让这里长久以来就是澳大利亚人寻找浪漫氛围的蜜月胜地，而身为昆士兰州第一个国家公园的坦莫宁，更遗留了 1 亿 5 千万年前的稀有植物和罕见的鸟类与昆虫，森林步道也总是吸引许多爱好大自然的健行者拜访。此外，这里还有许多精巧的乡间民宿、葡萄酒园和富有艺术气息的工艺品工坊。

很特别的是，这里有一条称为画廊小路的工艺品街，短短不到几百米的街道，聚集了许多艺廊、工艺品店和餐厅，建议游客不妨在这里停留一会儿，逛逛商店或喝杯咖啡，享受一个清新悠闲的上午。

另外，鸣禽雨林度假酒店是坦莫宁山区中很特别的度假旅馆，占地 51 万平方米，隐藏在富有大自然气息的雨林区，这么大的空间内仅有 6 间独栋别墅，走的是高雅的路线，房间内的设计很时尚，设施应有尽有，还有一个可爱的露台，让住客能享受林间的虫鸣鸟叫。附设的餐厅更是让人一眼就爱上它，红色基调的布帘与桌饰，再加上露天的设计，把户外的雨林景色一并融入餐厅。这家餐厅已经连续多年得到多个奖项，许多游客会慕名而来享受一份山中的优雅餐点。

**雷明顿
国家公园**
(Lamington
National Park)

- www.lamingtonnationalpark.net.au
- **碧纳布拉山中木屋**
- Binna Burra Rd., Beechmont
- 可事先预约巴士接送，车程约 45 分钟
- (07)55333622
- www.binnaburralodge.com.au
- **澳莱丽度假山庄**
- Lamington National Park Road Via Canungra
- 提供巴士接送服务，车程约 1.5 小时
- (07)55024911
- 双人房每晚 278 澳元起
- www.oreillys.com.au

位于黄金海岸内陆的雷明顿国家公园，距离黄金海岸约 45 千米，是一处拥有丰富热带雨林的国家公园，其占地 20 平方千米，是澳大利亚最大的亚热带雨林区。这里是大自然爱好者的天下，许多人都会前来参观长达 160 千米的自然步道，同时国家公园拥有 500 个瀑布与自然峡谷。特殊的地理环境，吸引了不同的鸟类栖息，因此赏鸟也成为这里很受欢迎的活动。

碧纳布拉山中木屋 (Binna Burra Mountain Lodge) 是国家公园内具有历史价值的山中木屋，整个环境保持得非常自然与环保，也一直是雷明顿国家公园内的最佳住宿处，旅馆除了提供具有原始风味的独栋客房，也特别提供了自然步道的专业导览行程。

而另一处澳莱丽度假山庄 (O'Reilly's Rainforest Guesthouse) 已有近百年的历史，这是一家风格非常独特的旅馆，尽管房间数不多，但每个房间推开窗就是雷明顿国家公园清新的山景，游客每天早上都可以在鸟鸣声中醒来，舒适又温馨。

**海洋世界**
(Sea World)

Sea World Dr., Main Beach
(07)55882222
10:00-17:30
全票 79.99 澳元、优惠票 49.99 澳元，上网购票另有优惠
www.seaworld.com.au

必游之地
MUST-VISIT PLACES

　　海洋世界位于主沙滩上、冲浪者天堂以北仅 3 千米处，原本是沼泽和沙丘地，后来经过人工改造成为现今的景点。这个号称澳大利亚最大的海洋生物游乐园，面积有 20 万平方米，除了大人小孩皆喜爱的游乐设施外，最让人印象深刻的就是一座兼具生态保护和教学功能的海洋世界。

　　来到这里，一定要看鲨鱼、北极熊、海豹和海豚这 4 种生物。这里的鲨鱼养殖在鲨鱼湾内，鲨鱼湾是世界最大的养鲨鱼的人造礁湖体系，透过大型玻璃水族馆，游客可以看到许多令人望而生畏的鲨鱼。另外，在北极熊海岸则可观赏到澳大利亚唯一的北极熊，4 只熊居住的北极熊海岸具有冻土地带的环境特点，是世界上技术最先进的北极熊展示场所之一。

　　而为海豚建造的过滤天然沙底环形湖的海豚湾也不可错过。这里包括海豚表演地和 5 个湖区，每个湖区都精细地设计了自然的生态系统，同时还养满了鱼类和其他海洋生物。

**梦幻世界**
(Dream World)

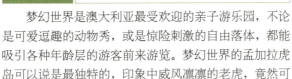

Dreamworld Parkway, Coomera
(07)55881111
10:00–17:00
全票 79.99 澳元、优惠票 49.99 澳元
www.dreamworld.com.au

必游之地 MUST-VISIT PLACES

梦幻世界是澳大利亚最受欢迎的亲子游乐园，不论是可爱逗趣的动物秀，或是惊险刺激的自由落体，都能吸引各种年龄层的游客前来游览。梦幻世界的孟加拉虎岛可以说是最独特的，印象中威风凛凛的老虎，竟然可以以非常近的距离在游客面前乖巧地喝牛奶。

不怕刺激的游客，在梦幻世界绝对能过足瘾。大坠落与惊惧之塔是梦幻世界中的另一重头戏，前者号称全世界速度最快、高度最高的自由落体，由最高点落下时速度每小时达 135 千米；后者也很惊人，它是一列倒飞的特急列车，上天后会再以极快的速度飞回发车点。

只想轻松游玩的游客也别担心，梦幻世界占地极广，共有 12 个主题区，游客可以漫步在自然优美的步道，或是亲近树袋熊和其他澳大利亚特有的动物，并与树袋熊合影，或是到主题乐园区坐坐碰碰车、云霄飞车、游园小火车、水上飞车、河上渡轮。依季节不同，这里还可以欣赏到各种精彩表演。

## 澳野奇观
### (Outback Spectacular)

🏠 Pacific Motorway, Oxenford
☎ (07)55733999
🕐 周二至周日 19:30
¥ 全票 99.99 澳元、优惠票 69.99~89.99 澳元（含晚餐），上网购票另有优惠
🌐 www.outbackspectacular.com.au

　　黄金海岸的夜晚也不寂寞，游客可以在夜晚观赏独一无二的澳大利亚内陆表演秀。2006 年 4 月开幕的澳野奇观，便是将澳大利亚内陆的牛仔乡村生活活生生地搬到黄金海岸来，让游客可以在夜晚轻松地欣赏表演。

　　耗资 2300 万澳元的澳野奇观，特别设计了可容纳千名观众的表演场地，真实呈现澳大利亚风情的大地风貌。从风景的幕布、波浪式的金属屋顶、电镀围栏、厚重的原木到旧式的车轮吊灯，还有入口桥下的水池，都让游客仿佛置身澳大利亚内陆。

## 库伦宾野生动物保育区
(Currumbin Wildlife Sanctuary)

- 🏠 Entertainment Rd., Oxenford
- ☎ (07)55341266
- 🕐 8:00-17:00，虹彩吸蜜鹦鹉喂食 8:00、16:00
- 💴 全票 49 澳元、优惠票 31~40 澳元，上网购票另有优惠
- 🖱 www.cws.org.au

*MUST-VISIT PLACES*
必游之地

　　库伦宾的成立其实算是无心插柳，1947 年，一位名叫亚历克斯的花农为了不让当地野生的虹彩吸蜜鹦鹉继续摧残自己的作物，于是想出了喂食的法子。每次当他喂鹦鹉时，满天飞舞的鸟就像一道色彩鲜艳的旋风，蔚为壮观，久而久之便成了当地的观光景点，库伦宾鸟类

保育区也随之成立。后来，亚历克斯将鸟园捐给信托基金会，并改名为库伦宾野生动物保育区。

今日来到保育区，第一个要知道的就是当日鹦鹉的喂食时间，届时你可以向工作人员领取一个盛满蜜糖的盘子，然后等着鹦鹉光顾。不止可以向鹦鹉喂食，也能买杯饲料与可爱的袋鼠亲密接触，同时很有可能亲眼看见著名的"袋鼠拳击"场面。当然，抱着树袋熊来张亲密合影也是千载难逢的机会，因为全世界现在只剩下昆士兰州允许游客抱着树袋熊拍照。

此外，为了吸引更多游客来到库伦宾野生动物保育区，园方在 2010 年推出全新的游乐设施——绿野挑战。绿野挑战是一座大型的树顶绳索公园，以不同颜色分为 4 个等级，共有 65 道关卡，包括绳索桥、高空飞索、泰山秋千等，等级愈高，难度和高度也愈高，当然也愈刺激过瘾，玩家可依照自己的体能和胆量自由选择路线。特别提醒的是，园内有客流限制，因此想参加绿野挑战的朋友，最好提前报名。

在库伦宾园区内，还有一所全昆士兰最重要的动物医院，医院每年庞大的医疗支出都靠库伦宾的门票收入维持，因此你在库伦宾的任何消费，都有可能挽救一只动物的生命，这也让这趟澳大利亚动物之旅更加有意义。

# 住在布里斯班

## 布里斯班奥克斯节日塔楼公寓
### Oaks Festival Towers
★★★★

🏠 108 Albert St.
☎ (07)30278800
💴 双人房每晚约 129 澳元起
🌐 www.oakshotelsresorts.com

　　奥克斯是新澳连锁的公寓式酒店，住在这里最大的感觉是，这里真的比家还要像家，但凡生活所需的一切用品，这里一应俱全。尤其是整套厨房设备，包括电炉、烤箱、微波炉、咖啡机、冰箱等，可能连自己都不见得这么齐全，让人忍不住想买菜回来下厨。而在酒店楼下，也有健身房、游泳池、桑拿、SPA 等公共设施。

## 最佳西方艾斯特魅特波酒店
### Astor Metropole Hotel Brisbane
★★★

🏠 193 Wickham Terrace, Spring Hill
☎ (07)31444000
💴 双人房每晚约 110 澳元起
🌐 www.astorhotel.com.au

## 布里斯班曼特拉玛丽公寓式酒店
### Mon Mary Apartment Hotel
★★★★

🏠 70 Mary St.
☎ (07)35038000
💴 双人房每晚约 179 澳元起
🌐 www.monmary.com.au

## 恩博利精品旅馆
### Emporium

🏠 1000 Ann St, Fortitude Valley
☎ (07)32536999
💴 双人房每晚约 199 澳元起
🌐 www.emporiumhotel.com.au

　　恩博利是布里斯班第一家精品旅馆，1 楼的酒吧完全展露澳大利亚特色——没有什么元素不能混搭。酒吧一角以透明落地柜摆放一瓶瓶的葡萄酒，透过灯光，营造出一种利落的设计感，相对的另一端则是一面从阿根廷运来的古董彩绘玻璃，悬吊在吧台上方的古典水晶灯则来自德国。

## Base Backpackers Hostel Brisbane Palace Embassy

🏠 214 Elizabeth St.
☎ (07)31668000
💴 双人房每晚约 86 澳元起

## Southern Cross Motel

🏠 721 Main St., Kangaroo Point
☎ (07)33912881
💴 双人房每晚约 110 澳元起
🌐 www.motelsoutherncross.com.au

## Hilton Hotel Brisbane

🏠 190 Elizabeth St.
☎ (07)32342000
💴 双人房每晚约 209 澳元起
🌐 www.hilton.com

## e'cco

🏠 100 Boundary St.
☎ (07)38318344
🌐 www.eccobistro.com

老板兼主厨的菲利浦·约翰逊，是在澳大利亚享誉盛名的厨师，新西兰籍的他，有多国工作经验，最后选择在布里斯班定居下来，并于 1995 年开设了 e'cco 这家餐厅，之后也陆续荣获多个奖项。菲利浦·约翰逊强调采用最新鲜的食材，烹调过程则是尽量维持食物原味，因此菜单上看似普通的菜名到了餐桌上，却让人赞叹不已。

## Jimmy's on the Mall

🏠 Queen St. Mall
☎ (07)30031594
🌐 www.jimmysonthemall.com.au

皇后街无疑是布里斯班最热闹的商业街道，在这条步行街中央，开着许多小型酒吧与餐馆，其中以 Jimmy's on the Mall 最有名。别看这家餐馆小巧玲珑，光是早餐就有 10 种，主餐则囊括汉堡、海鲜、意大利面、牛排、派饼等各大类，连星期炒面、泰式咖喱、马来沙嗲等亚洲口味都有，而餐后甜点也多达 10 余种，更别说种类繁多的啤酒和鸡尾酒了。

## Vroom

🏠 1/46 James St., Fortitude Valley
☎ (07)32574455
🌐 www.vbistro.com.au

有着透光的户外空间，照耀着热带午后的优雅光线，菜还没上桌就已经让人心情愉悦，等到这里的招牌菜——牛肉汉堡上桌后，果真名不虚传，不但尺寸大到不知该如何下口，夹着的牛排也烤得恰到好处、肉汁充盈，外面的面包也很厚实。其他如海鲜炖饭、炸鱿鱼圈等，也很够味，难怪这么多人都对这家餐厅赞不绝口。

## Spoon

🏠 108 Albert St.
☎ (07) 30127322
🌐 www.spoondeli.com.au

这家餐厅成立于 2002 年，如今已发展成一个小型餐饮集团，在布里斯班开了 5 家分店。这里早餐供应松饼、贝果、法式吐司、可颂面包、沙拉盘、水果盘及蛋类早餐，午间则有三明治、汉堡、派饼等，无论何种餐点，都是现点现做，简单，但精致美味。而这里的现打新鲜果汁与现煮咖啡也值得推荐。

## Freestyle Tout 甜点专卖店

🏠 Emporium, 50/1000 Ann St., Fortitude Valley
☎ (07)32520214
🌐 www.freestyletout.com.au

这家店是甜点专卖店，招牌甜品"Dumpling"是将白巧克力混合樱桃包在油炸小甜甜圈里，上桌时搭配一杯苦巧克力酱、一颗缀有水果的巧克力冰激凌，吃时将小甜甜圈蘸着巧克力酱和冰激凌一起吃，风味独具。"Hot hudge brownie"更是一绝，温热的布朗尼蛋糕配上香草冰激凌和新鲜草莓，酸甜滋味交错，浓郁的巧克力蛋糕配上冰激凌，四种不同口感在嘴里交错，晚餐吃得再饱也想享受它。

# 凯恩斯

　　凯恩斯是北昆士兰州的首府，是进出澳大利亚的主要国际枢纽之一。这是一座悠闲的城市，被誉为"世界最理想居住地"之一。这里一年四季如春，景色宜人，太平洋的海岸风光令人难以忘怀。

　　凯恩斯位于北昆士兰州热带雨林区的中心点，同时是前往世界著名的大堡礁的主要地点与全球著名的潜水地点，其热门程度可见一斑。

　　事实上，靠近赤道的凯恩斯，被称作热带首都，也被称为冒险之城。城市内五星级大饭店林立，街道也相当整齐宽阔，游客来到这里，除了在市区悠闲漫步，到滨海大道吹吹风，还可以到凯恩斯博物馆看看珍藏，再体验一下当地的户外活动，如徒步、钓鱼、骑马等。

# 凯恩斯交通

## 如何到达——飞机

　　从悉尼或布里斯班可搭乘澳大利亚航空、捷星航空或维珍蓝航空等航班前往，从墨尔本可搭澳大利亚航空和维珍蓝航空的航班前往，从悉尼至凯恩斯航程约3小时、从布里斯班至凯恩斯航程约2小时20分钟、从墨尔本至凯恩斯航程约3.3小时。

## 如何到达——火车

　　凯恩斯火车站位于麦克劳德街的凯恩斯中央购物中心内。从布里斯班到凯恩斯可搭The Sunlander或The Tilt Train列车，车程约25小时。

**澳大利亚铁路**

📶 www.railaustralia.com.au

## 如何到达——巴士

　　从布里斯班到凯恩斯可搭灰狗巴士，车程约半小时。巴士停靠处位于大堡礁船队码头。

**灰狗巴士**

☎ 131499

📶 www.greyhound.com.au

## 如何到达——机场至市区交通

　　凯恩斯国际机场距市区约7千米，车程15~20分钟可达；国内外航站楼间步行约5分钟可达。

☎ (07)40806703

📶 www.cairnsairport.com

### Sun Palm Transport

　　在机场的国内外航站楼皆提供机场到市区、北海滩、棕榈湾、道格拉斯港、苦难角和使命海滩，甚至到饭店的接送服务。从市区到机场如事先预约（可上网预约）也可到饭店接送。

☎ (07)40872900

🕐 机场到市区（配合飞机起降时间）、市区到机场4:00-19:00

💴 机场到市区单程全票10澳元、优惠票5澳元

📶 www.sunpalmtransport.com

## 出租车

☎ 131008

💴 从机场到市区约 25 澳元

## 市区交通

### 步行

凯恩斯市区大部分景点步行可达。

### 巴士

总站位于都市广场，可搭乘前往查普凯原住民文化公园和天空之轨、库兰达、棕榈湾等地；车费依区域而定，共分 12 区。另有一日票，可在一日内不限次数地上下车，车票可于车上购买。

📞 (07)40577411

🕐 6:00-23:00

💴 1 区单程全票 2.1 澳元、优惠票 1.1 澳元，2 区单程全票 2.6 澳元、优惠票 1.3 澳元，3 区单程全票 3 澳元、优惠票 1.5 澳元；一日票 1 区全票 4.2 澳元、优惠票 2.1 澳元，2 区全票 5.2 澳元、优惠票 2.6 澳元，3 区全票 6 澳元、优惠票 3 澳元

🌐 www.sunbus.com.au

### Sun Palm Transport

行驶于凯恩斯机场和市区之间，途中会经过天空之轨、棕榈湾、哈特利鳄鱼冒险园、道格拉斯港。

📞 (07)40872900

🕐 7:00、9:00、10:00、13:00、15:00、16:00 从凯恩斯市区出发

💴 机场到天空之轨和棕榈湾单程全票 18 澳元、优惠票 9 澳元，到哈特利鳄鱼冒险园全票 25 澳元、优惠票 12.5 澳元，到道格拉斯港全票 35 澳元、优惠票 17.5 澳元

🌐 www.sunpalmtransport.com

## 出租车

☎ 131008

💴 周一至周五 7:00-19:00 起步价 2.9 澳元，每千米 2.15 澳元，车停时间每分钟 0.76 澳元；周一至周五夜间 19:01 至次日 6:59、周六、周日全天起步价 4.3 澳元，每千米 2.15 澳元，车停时间每分钟 0.76 澳元。电话叫车皆加 1.5 澳元

🌐 www.blackandwhitetaxis.com.au

## 旅游咨询

### 游客服务中心

🏠 51 The Esplanade

🚉 从凯恩斯火车站步行约 15 分钟可达

📞 (07)40513588

🕐 8:30-18:30、法定假日 10:00-18:00

🌐 www.cairnsgreatbarrier-reef.org.au

# 精华景点

## 滨海大道&人工湖
(Esplanade & Lagoon)

🏠 Esplanade & Lagoon
🚌 从游客服务中心步行 3~10 分钟可达
🕐 全天
💴 免费

星级推荐

　　凯恩斯最热闹的一条街道非滨海大道莫属了，它面对着三一海湾，海湾外便是一望无际的海洋，这里拥有一个 4 800 平方米的人工湖，无论是当地居民还是游客，都喜欢到泳池畔做日光浴，或是跳入水中享受沁凉的海水！

　　滨海大道的另一边有餐厅、酒吧和旅馆，来到这里一定可以找到好吃的餐厅。此外，只要隔几家商店，就会看到摆满各式各样凯恩斯旅游宣传单的旅行社，许多自助游的人都会到这里搜寻大堡礁、热带雨林、查普凯原住民文化公园等地的行程信息。

　　而凯恩斯的城市码头和前往大堡礁的码头，也位于滨海大道的起点，若有空闲时间，游客可以慢慢步行到另一头的滨海大道绿地。

**大堡礁**
(Great Barrier Reef)

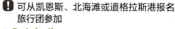 

⚠ 可从凯恩斯、北海滩或道格拉斯港报名旅行团参加

● **Quicksilver**
☎ (07)40872100
🕐 9:30~16:30
💴 大堡礁一日游全票 210.5 澳元、优惠票 107.5 澳元（含环境管理税）；凯恩斯和北海滩饭店往返全票 20 澳元、优惠票 10 澳元，道格拉斯港饭店往返接送全票 8 澳元、优惠票 4 澳元
🌐 www.quicksilver-cruises.com

● **Sunlover**
☎ (07)40501333
🕐 10:00~17:30
💴 大堡礁一日游从凯恩斯大堡礁船队码头出发全票 180 澳元、优惠票 65 澳元，从北海滩出发全票 200 澳元、优惠票 85 澳元
🌐 www.sunlover.com.au

　　大堡礁于 1981 年被列入《世界遗产名录》，它是世界最大的珊瑚礁群，可以说是喜欢海洋世界人士的天堂，许多人来昆士兰旅游，就是为了一睹它的芳容。大堡礁北端靠近赤道的巴布亚纽几内亚，南端则已靠近布里斯班外海，总长约 2 300 千米，水域范围高达 344 400 平方千米。大堡礁一共包含了 2 900 个独立珊瑚礁群，共计有300 多种珊瑚、400 多种海绵生物、4 000 多种软体动物和1 500 多种鱼类。这么多的海底生物组成的海洋世界究竟有多美，一定要你亲临才能感受到。

　　游览大堡礁最佳的方式，是参加由凯恩斯出发的游览行程，最佳的旅游季节是 4—10 月间，这期间每天阳光普照，游客可以尽情享受碧海蓝天与缤纷的海底世界。

　　从凯恩斯出发，大约需要 2 小时才能抵达大堡礁，抵达后船会停靠在大型海上平台，平台上有海底生物动态观赏室、直升机、玻璃船、潜水艇、餐厅与各式各样的潜水装备等。浮潜是免费的，游客可以穿戴上救生衣与呼吸管自行体验。

　　对于不想下水的游客来说，可以参加平台上定时出发的潜水艇或玻璃船行程，透过玻璃窗，同样能饱览美丽的海底世界；当然，最酷的方式是搭上直升机，从高空一览大堡礁的壮观景色。

## 查普凯原住民文化公园 (Tjapukai Aboriginal Culture)

🏠 Western Arterial Rd., Caravonica

🚌 距凯恩斯约 11 千米外，可事先向园方预约巴士到饭店接送；或从凯恩斯都市广场搭 Marlin Coast Sunbus 123 号前往

☎ (07)40429900

🕐 9:00–17:00、夜间表演（含晚餐）19:30–21:30

💴 白天含接送全票 58 澳元、优惠票 29 澳元，不含接送全票 35 澳元、优惠票 17.5 澳元；夜间含接送全票 121 澳元、优惠票 59.5 澳元，不含接送全票 99 澳元、优惠票 49.5 澳元；全日含接送全票 209 澳元、优惠票 115 澳元，不含接送全票 138 澳元、优惠票 70.5 澳元

🌐 www.tjapukai.com.au

查普凯原住民文化公园一直是凯恩斯近郊的招牌景点之一，整座公园由查普凯族人亲自经营与管理，是澳大利亚最大雇用原住民的私人企业。这里的表演内容都是经过查普凯族的原住民审查和批准的，以保证能让人了解到真正的查普凯文化，并给族群带来正当利益，透露着经营者推广原住民文化的用心。

查普凯原住民文化园共有 5 个区，首先游客会进到神秘天地，在这里可以看到查普凯部落曾使用的石器用品，还有杰出艺术家所绘的大幅壁画；创世剧场每天放映 4 场关于查普凯古老传统信仰的动画，影片以近乎失传的查普凯族语发音。

历史剧场播放澳大利亚原住民受到现代文明入侵之后的遭遇，具体描述了当今原住民的历史、现状及对未来的展望。查普凯歌舞剧场是一座室外剧场，由原住民演出查普凯传统歌舞，从舞者生动的演出中游客也能了解查普凯族的古老庆典仪式与舞蹈背后的意义。

传统营地没有时间、场次的限定，游客可随时与原住民一起掷回力镖、生火与吹奏迪吉里杜管。此外，查普凯原住民文化公园也推出了夜间表演活动，内容包括湖畔表演徒手生火仪式和边享用晚餐边欣赏查普凯传统歌舞，让游客能够体验不一样的原住民生活。

# 漫游
## 澳大利亚

**天空之轨**
(Skyrail)

🏠 Captain Cook Hwy. 和 Cairns Western Arterial Rd. 交叉口

🚌 可事先向园方预约巴士到饭店接送，从凯恩斯车程约 15 分钟可达；或从凯恩斯都市广场搭 Marlin Coast Sunbus 110 或 123 号前往

☎ (07)40381555

🕐 8:00–17:00

¥ 缆车单程全票 44 澳元、优惠票 22 澳元；往返全票 66 澳元、优惠票 33 澳元，缆车含凯恩斯和北海滩接送全票 86 澳元、优惠票 43 澳元，缆车含道格拉斯港接送全票 108 澳元、优惠票 54 澳元。另有含库兰达查普凯体验、库兰达景观火车、查普凯原住民文化公园、热带雨林基地等不同组合的套装行程联票，详见网站。上网购票另有优惠

💻 www.skyrail.com.au

天空之轨是全世界最长的缆车之一，全长 7.5 千米，主要由 4 个站所组成，从山底搭缆车至库兰达全程需要 90 分钟。整段缆车架设于巴伦峡国家公园的热带雨林上方，这里正好是地球上最古老的热带雨林的一部分，这些雨林在 1200 万年前就已存在，如今就如同一个博物馆，保存了珍贵的动植物。游客可以清晰地欣赏整片壮观的热带雨林景色，因此这里也是继大堡礁后，在凯恩斯区域可看到的第二个世界遗产。

既要开发旅游业又要保护珍贵雨林不是件容易的事，从想法形成到提案成功就花费了 7 年的时间，最后在获得联邦政府、昆士兰州政府、环保单位的同意下，才在 1994 年开始兴建。

为了确保不会破坏生态环境，工作人员必须将缆车高塔预定地的土壤收集起来，并将原生植物迁移到保存处，完工后再将土壤迁回原处，并植回原来的植物；而所需的原料与器具除了靠工人每日徒步搬运，另外就是以直升机往返运输。

天空之轨共有 32 个塔台、114 台缆车，其中最高的塔台是 6 号塔台，高 40.5 米，平均每小时可载 700 人。游客必须在红岭站和巴巴瀑布站更换缆车，此时也可顺道游览一番。

**库兰达**
(Kuranda)

从天空之轨搭缆车可达；或从凯恩斯搭库兰达景观火车前往；或从凯恩斯搭 Johns Kuranda Bus 前往

www.kuranda.org

● **库兰达游客服务中心**

☎ (07)40939311

🕐 10:00–16:00

● **Tropic Wings**

☎ (07)40419400

¥ Ultimate Kuranda Experience 全票 225 澳元、优惠票 112 澳元

www.tropicwings.com.au

　　库兰达位于凯恩斯西北边的热带雨林中，是一处小巧可爱的具有原住民色彩的小镇，由于天空之轨和库兰达景观火车是凯恩斯地区的几大首选行程，并且最后都会在库兰达结束行程，也因此这里成为热闹的观光小镇。

　　标高 380 米的库兰达，是澳大利亚原住民加布卡族的故乡，在 19 世纪初被淘金的欧洲人发现，为了将金矿和木材运送出去，他们便兴建连接到凯恩斯港口的铁路。

　　这里曾经是澳大利亚许多嬉皮士的居住点，悠闲的生活形态和具有异国风情的商店至今依旧保存下来。而近年来受到游客的青睐，小小的库兰达聚集了更多的餐厅、市集、纪念品商店。

　　想前往库兰达的方式有很多，其中包括可参加 Tropic Wings 旅游公司推出无限体验库兰达的全日行程，如库兰达景观火车、澳大利亚蝴蝶农场、热带雨林基地、天空之轨和旅馆接送服务。另外还有多项行程组合。

## 哈特利鳄鱼冒险园

(Hartley's Crocodile Adventure)

🏠 Captain Cook Hwy., Hartleys Creek

🚌 可事先向园方预约巴士到凯恩斯、棕榈湾和道格拉斯港等地酒店的接送

☎ (07)40553576

🕐 8:30–17:00，鳄鱼攻击秀 15:00

💰 全票 33 澳元、优惠票 16.5 澳元

💻 www.crocodileadventures.com

　　位于棕榈湾和道格拉斯港口之间的哈特利鳄鱼冒险园，是北昆士兰州最佳的观赏鳄鱼生态的地方。哈特利鳄鱼冒险园坐落在雨林的下方，这里有丰富的热带湿地、河谷雨林和尤加利树群，因此不仅是鳄鱼，同时也是其他野生动物的最佳栖息地。

　　园区安排了全天的表演内容，包含喂食鳄鱼、鳄鱼攻击秀、蛇表演和喂食树袋熊等，游客可依自己抵达的时间选择，不过鳄鱼攻击秀是这里最主要的表演项目，所以一定不能错过。鳄鱼攻击秀（Crocodile Attack Show）号称澳大利亚最棒的表演，主要是教导游客若在野外遇到鳄鱼时应该如何自保。

　　另外，喂食咸水鳄鱼和淡水鳄鱼的表演也让人印象深刻，工作人员一边喂食鳄鱼一边讲解鳄鱼的行为模式，让游客了解有关鳄鱼的基本常识；而乘坐小船进入哈特利雨林湖泊观赏鳄鱼的生态环境，也是十分有趣的活动，工作人员会趁机用食物引诱鳄鱼，让它跳出水面供游客拍照。

**格林岛**
(Green Island)

🚌 可以从凯恩斯报名旅行团参加
● **Great Adventure**
☎ (07)40449944
🕐 8:30、10:30 和 13:00 出发，12:00、14:30 和 16:30 回程
💴 格林岛一日游从凯恩斯大堡礁船队码头出发全票 77 澳元起、优惠票 38.5 澳元起；凯恩斯饭店往返接送全票 16.5 澳元、优惠票 9.5 澳元，北海滩饭店往返接送全票 22 澳元、优惠票 12 澳元
🏠 www.greatadventures.com.au

*星级推荐*

　　位于凯恩斯外海约 15 分钟航程的格林岛，是距离凯恩斯最近的珊瑚礁岛屿，由于航程短，所以十分受游客青睐。尽管每日迎接许多游客的到来，格林岛仍然受到国家海洋公园的保护，因此仅有 1 200 平方米的小岛上，依旧维持着原始的风貌。

　　格林岛在 1937 年时被澳大利亚政府列为国家公园，其周遭的海域与珊瑚礁也在 1974 年时成为国家海洋公园的保护区。当然，在 1981 年大堡礁成为世界遗产之际，格林岛也成为其中的一部分。格林岛的原住民名称为"Wunyami"，意思是"狩猎灵魂之地"，也就是说格林岛是原住民先前举办仪式的圣地。

　　如今，格林岛已经转变成兼具观光与休闲功能的岛屿，岛上建有一家小型的度假旅馆，还有许多如玻璃船、独木舟、海底漫步、直升机等的水上游乐设施，如果游客想避开人群，也可以找一处洁白的沙滩，独自游泳或享受日光浴，甚至可以在岛上的热带雨林区漫步。

**棕榈湾**
(Palm Cove)

从凯恩斯机场、市区 City Place 或中央购物中心搭 Marlin Coast Sunbus 110 或 111 号前往，每半小时 1 班

● **Sea Temple Resort & SPA**
Triton St., Palm Cove
(07)40599600
www.mirvachotels.com

● **Angsana Resort & SPA**
1 Veivers Rd., Palm Cove
(07)40553000
www.angsanaspa.com

　　虽然凯恩斯的市中心没有天然的海滩，不过沿着库克船长公路（Captain Cook Highway）往北的方向，却有几处幽静又美丽的沙滩，其中最具知名度也最受外国游客青睐的就是棕榈湾。

　　棕榈湾洁净的沙滩和沿着海岸植满棕榈树的景观，营造出一股悠闲又放松的气氛，曾经被誉为澳大利亚十大著名沙滩之一。这里最大特色是旅馆个个精巧且多元化，并且皆打着 SPA 的招牌，其中 Sebel Reef House & SPA 曾在 2005 年获选 *Condé Nast Traveller* 杂志亚太区的 SPA 第一名和全球第十名的奖项；另外还有亚洲知名的悦榕度假村的姐妹品牌——Angsana Resort & SPA，它是最早将 SPA 风潮引进棕榈湾的度假旅馆，也是所有旅馆中海滩最美丽的。

　　Angsana Resort & SPA 具有浓浓的泰国风情，不管是公共区域的木制家具、房间内的泰丝窗帘，或是泰籍芳疗师提供的纯正泰式按摩，都反映出这个来自亚洲品牌的风格。

而走豪华路线的 Sea Temple Resort & SPA，一进入旅馆大厅就能感到高贵又气派的氛围。开放式的大厅采用白色大理石建造，穿越过小小的热带庭院后，就是精致的游泳池。旅馆的房间分为 4 种：套房、附设家庭设施的度假公寓、顶楼套房和独栋别墅。除了住宿和 SPA 吸引人，棕榈湾也是澳大利亚最佳结婚地点，部分旅馆还附设有小教堂，吸引了许多日本新人前来举办海外婚礼。

**道格拉斯港**
(Port Douglas)

🚌 从凯恩斯机场或市区搭 Sun Palm Transport 前往
● **道格拉斯港游客服务中心**
🏠 Suite 52, Meridien Marina, Wharf St.
☎ (07)40994540
🕐 8:30–18:30
📧 www.tourismportdouglas.com.au

必游之地
MUST-VISIT PLACES

位于凯恩斯北部约 70 千米的道格拉斯港，是库克船长公路的终点站，经过蜿蜒曲折的山路行驶 1 小时便可抵达。一路上可以欣赏美丽的滨海公路景观，并途经三一海湾、棕榈湾和克利夫顿海滩。道格拉斯港是个精致且有气质的城镇，这里不但拥有丰富的热带雨林景致，还具有国际级的高尔夫球场，是个非常好的度假天堂。

海洋幻影是道格拉斯港最热闹的一区，这里是个大型的购物中心，有许多售卖泳装与纪念品的商店，而面对港口也有许多户外餐厅。这里是前往大堡礁游览的出发点，因此也是许多游客的必访之处。另外在市中心的麦哥山街则有许多时髦的商店、餐厅、咖啡馆和精品店，不论是白天还是夜晚都一样热闹。

如果想到海滩走走，建议不妨前往四里滩。这里是利用人工方式模拟出非常近似热带雨林环境的雨林生物栖息园，也是不容错过的观光点。这里有超过 140 种的生物栖息于此，游客可以看到淡水鳄鱼、树袋熊、珍贵的保育鸟类，还可以与各种色彩斑斓的热带鸟类共进早餐。

**帕罗尼拉公园**
(Paronella Park)

🚃 从凯恩斯开车往 Mena Creek 方向，沿 Old Bruce Highway 后右转 Innisfail 可达；或从凯恩斯报名旅行团参加

☎ (07)40650000

¥ 全票 36 澳元、优惠票 18~33 澳元

🏠 www.paronellapark.com.au

　　很难想象，在昆士兰州的热带丛林深处，竟藏了一座如梦似幻的西班牙城堡，于浓郁的树叶与虫鸣鸟叫掩映下，就像是远古的文明遗迹，引人遐想。在城堡荒弃的外貌背后，其实也有段辉煌的过去。1929 年，一位名叫荷西·帕罗尼拉的西班牙青年与他的妻子玛格丽特买下这片土地，并亲手打造出心目中梦想的城堡花园，除了那栋诗情画意的城堡外，他还在周围栽种了许多树木花卉，而贯穿园区的美纳溪及其形成的瀑布，也为园区增添不少浪漫情趣。荷西并无意独享这片景致，1935 年花园完工后便对外开放，平日这里是举行宴会和舞会的场所，到了周末更有电影放映，充满了热闹的气氛。

　　然而随着帕罗尼拉夫妇相继过世，花园又经历火灾和洪水之害，后人无力维持，只得在1977年将其转手，花园也随之荒废。直到1993年，另一对夫妻马克和朱蒂买下这里，才使公园重现生机。马克并没有将城堡重建回宴会场所，因为重现荷西的故事并没有多大意义，让华丽灿烂留在过去，反而更具美感。马克夫妇将目标放在生态环境的维护上，毕竟是这片原始的自然景色把荷西从遥远的西班牙吸引到这个地方。如今虽然少了人类的歌舞嬉戏，但美丽的尤里西斯蓝凤蝶依旧四处飞舞，植物的芳香散发在小径上，淙淙的水声比音乐更动人。园方也安排有专人导览，详细解说各动植物的生态及城堡历史，在小巧的博物馆里则陈列着当年的生活用品，逛完一圈还可以在咖啡座上小憩，而这里浓郁天然的香蕉慕斯绝对令你难以忘怀。

# 住在凯恩斯

### 诺富特绿洲酒店
Novotel Oasis Hotel

122 Lake St., Cairns
(07)40801888
双人房每晚 147 澳元起
www.novotelcairnsresort.com.au

　　这家酒店位于凯恩斯市中心的精华地段，距码头和人工潟湖在步行可达的距离内，不论是参加行程还是外出散步，都很方便。饭店风格兼具热带与现代风情，314 间客房都有独立私人院落或阳台，房内布置以简单轻柔为基调，富有浓浓的度假气息。公共空间里最令人印象深刻的莫过于饭店后方的超大泳池，池畔甚至还有一个水上吧台，不用上岸就能坐在池子里享用饮料，惬意自在。

### 凯恩斯克罗尼奥俱乐部度假村
Cairns Colonial Club Resort

18–26 Cannon St., Cairns
(07)40538800
双人房每晚 135 澳元起
www.cairnscolonialclub.com.au

　　尽管酒店位于凯恩斯市区范围内，但住进这家酒店令人有种来到热带岛屿的错觉，因为这里举目所见尽是白沙椰影，客房建筑皆藏身在层层树丛之后。中央最大的游泳池看上去就像个天然湖泊，旁边甚至还有座人造沙滩，静静躺在沙滩躺椅上，倒也有种与世隔绝之感。整体来说，这家度假村以原始自然的环境和闲适自得的氛围取胜，但在房间装潢上则显得比较普通。

### 天堂棕榈树度假村
Paradise Palms Resort & Country Club

Paradise Palms Drive, Kewarra Beach
(07)40599999
双人房每晚 155 澳元起
www.paradisepalms.com.au

　　天堂棕榈树度假村是一座在澳大利亚有名的高尔夫球场，自 2009 年度假村落成后，更跻身昆士兰州顶级酒店之列。酒店客房设备豪华齐全，空间干净明亮，阳台视野绝佳。除了 18 洞高尔夫标准场地和两座大型户外泳池，还有多样化的儿童游戏设施，其中尤以一张巨大的充气蹦跳橡皮垫最受孩子们喜爱，适合有小孩的家庭入住。不过，度假村和市区之间有一段距离，没有开车的话会有些不方便。

### 希尔奇橡树酒店
Silky Oaks Lodge

Finlayvale Rd., Mossman
(07)40981666
双人房每晚 327 澳元起
www.silkyoakslodge.com.au

　　戴恩树热带雨林区是地球上最古老的雨林地区，充满丰富多元的动植物生态。这家酒店就坐落在雨林区的摩斯曼河峡谷之中，独栋式的木屋与周围环境巧妙结合，让人可以体验大自然的生活野趣。晚餐过后，在徐徐的凉风中，饭店的解说员带领参加活动的成员，循着饭店外围的步道，探索河岸附近的动、植物。

### Bushfire Flame Grill Restaurant

🏠 The Esplanade 和 Spence St. 交叉口
📞 (07)40441879
🌐 www.bushfirecairns.com

　　这家餐厅是凯恩斯市区的明星餐厅，主打巴西烧烤。这种烧烤方式源自巴西南方的牛仔，他们最初是用铁签将肉串起，放在营火上炙烤，称为牛仔美食；现在餐厅则有烤肉专用的三层铁架，依照每种肉类的肉质特性，以及其所需要的温度，分别置于不同的铁架上烧烤，烤好的肉则由一把长剑串起，由侍者带到各餐桌边，随客人喜好的分量切下。

### Red Ochre Grill 餐厅

🏠 43 Shields St., Cairns
📞 (07)40510100
🌐 www.redochregrill.com.au

　　来到凯恩斯，就一定要找机会品尝具有原住民风味特色的料理。1994年即开业的这家餐厅，这么多年来已累积了不错的声誉。

　　主厨结合新鲜的野味，如牛肉、鸡肉、海鲜和原住民食用的水果与梅子，再搭配创意的料理技巧，烹饪出新式的澳大利亚菜。对于想品尝澳大利亚野味的人，不妨点一份澳大利亚风味套餐。

### Homestead Restaurant

🏠 18-26 Cannon St., Cairns
📞 (07)40538800
🌐 www.cairnscolonialclub.com.au

　　这家餐厅位于 Cairns Colonial Club Resort 内，正对着度假村的大泳池，气氛悠闲舒适。餐厅每日供应早、晚餐，早餐为自助餐，从大陆式冷盘到热食餐点应有尽有；晚上则有澳式套餐，建议点一份这里著名的丁骨牛排。

### Nu Nu Restaurant

🏠 123 Williams Esplanade, Palm Cove
📞 (07)40591880
🌐 www.nunu.com.au

　　这家餐厅就位于棕榈湾海边，气氛绝佳，是著名的约会胜地。餐厅的两位大厨詹森和尼克都拥有丰富的料理经验，尤其是尼克还曾被澳大利亚电视频道评选为明星大厨，并曾主持该频道的美食节目。这家餐厅的菜单依照季节更换，所使用的都是当地的有机食材，同时在佐餐酒单上也有丰富的选择。不过要提醒的是，这里虽是约会聚餐的好地方，但上菜速度可是出名地慢。

# 珀斯

　　珀斯少了繁忙的喧哗，它是个不太喜欢和别人比较的城市。虽然贵为西澳的首府，但是它没有大城市的复杂，有的却是澳大利亚一贯的悠闲风情。

　　风光明媚的珀斯位于天鹅河河畔，西边紧临着终年温暖的印度洋，东边衔接着达令山脉。清澈的天空，湛蓝的海水、新鲜的空气和悠闲的生活是珀斯的最佳写照。印度洋是酷爱水上活动的澳大利亚人最佳的乐园，闲暇时开船出海、兜风、冲浪或是潜水，都已经成为他们生活中的一部分。甚至有人不惜远渡重洋来到西澳，就是为了能够在此体验冲浪的快感。

　　而源自达令山脉的天鹅河贯穿珀斯市区，将珀斯一分为二，最后流向印度洋，天鹅河上的黑天鹅是珀斯的代表动物，因此这里又有"天鹅城市"之称。

　　由于珀斯地处偏僻，想去最近的城市——艾德尔也要花两天的车程才能到达，因此珀斯又被称为"世界上最孤立的城市"。然而西澳丰富的自然景观，以及悠闲的都市生活，仍然适合想要放下世俗并洗涤心灵的人前往。

# 珀斯交通

## 如何到达——飞机

从悉尼可搭乘澳大利亚航空或维珍蓝航空的航班前往，从布里斯班、墨尔本除了前述两家航空公司，还可搭乘捷星航空的航班，从悉尼至珀斯航程约5小时、从布里斯班至珀斯航程约5.5小时、从墨尔本至珀斯航程约4小时。

## 如何到达——火车

珀斯有两个主要的火车站。自悉尼经阿德莱德的长程线印度洋—太平洋号列车，每周两班前往珀斯；从墨尔本可搭The Overland列车、从艾丽斯泉可搭The Ghan列车。

长程线火车停靠在距离市区比较远的东珀斯火车站，自东珀斯火车站可搭乘Transperth Train抵达珀斯市车站。若由西澳其他地区前往珀斯，也可搭乘火车Transperth Train，再到市区的珀斯市车站。详细的时刻表、票价或订票可查询网址。

🌐 www.trainways.com.au

## 如何到达——巴士

珀斯长途巴士站位于东珀斯火车站，主要停靠灰狗巴士和Transwa巴士等长程巴士，South West Coach Lines行驶于西澳之间的巴士则停靠在市区的威灵顿街巴士站。

**灰狗巴士**
☎ 131499
🌐 www.greyhound.com.au

**Transwa**
☎ 1300662205
🌐 www.transwa.wa.gov.au

**South West Coach Lines**
☎ 93242333

## 如何到达——机场至市区交通

珀斯国内机场距市区以东约11千米（第2和第3航站楼），国际机场（第1航站楼）则位于市区以东约15千米，两机场之间有免费接驳巴士，车程约8分钟。也可搭乘机场接驳巴士至市区。

🌐 www.perthairport.com.au

### 接驳巴士

不论是从机场到市区或市区到机场，皆可以至饭店接送，唯从市区到机场需事先预约。

☎ (08)92777958

🕐 国内机场6:40-1:20，约50分钟1班；国际机场6:20至次日1:00，0.5~1小时1班

💰 国内机场到市区单程全票15澳元、往返（3个月有效）25澳元，优惠票单程8澳元、往返13澳元；国外机场到市区单程全票18澳元、往返30澳元，优惠票单程9澳元、往返15澳元

🌐 www.perthshuttle.com.au

### 巴士37号

巴士37号行驶于国内机场（注意不到国际机场）和市区的英皇公园（King's Park）间。

☎ 136213

🕐 55分钟1班

### 出租车

💰 机场起步价需加2澳元，从国际或国内机场到市区约38澳元

**Swan Taxis**

☎ 131330

**Black & White Taxis**

☎ 131008

## 市区交通

珀斯市区的交通为Transperth统一经营，包含市区巴士、火车、渡轮等大众交通工具。

市区以珀斯为中心，共划分为0~9个区域，以欲前往的区域计算票价。0区内可免费搭乘，1区内指的是市区，2区是以市区为中心20千米内包括费利曼图的郊区，所以一般购买1~2区的车票已足够。

前往的目的地在3.2千米内，1~4区只要在2小时内可自由搭乘巴士、火车和渡轮，5区以上则是3小时。

详情可查阅网站，或至珀斯车站、东珀斯站和巴士站索取时刻表和区域表。

☎ 136213

¥ 0区免费、1区2.6澳元、2区3.8澳元、3区4.7澳元

🌐 www.transperth.wa.gov.au

## CAT 免费巴士

共分为免费行驶珀斯市区南北向的CAT蓝色巴士，和行驶东西向的CAT红色巴士、CAT黄色巴士。珀斯市区街道上常见到CAT巴士站，只要按站牌上按钮，就会有语音告知游客下一班车还有几分钟会到。CAT巴士是游玩珀斯市中心最佳的交通工具，游客不妨多加利用。

### CAT 红色巴士

自东边的皇后花园延伸到西边的欧南大街，一共有31个停靠站，途中经过珀斯铸币厂、国王街、珀斯车站、中央公园、国会大厦等。

🕐 周一至周四 6:00-19:30、周五 6:00-21:00、周六 8:30-19:00、周日和法定假日 10:00-19:00，5~15分钟1班

### CAT 蓝色巴士

南北方向的循环巴士，自北边的北桥到南边的巴瑞克街码头，

一共有22个停靠站，途中经过伦敦阁、市政府、拉塞尔广场、北桥、巴瑞克广场等。

🕐 周一至周四 6:50-19:30、周五 6:00-19:00、周六 8:30-19:00、周日和法定假日 10:00-19:00，8~10分钟1班

### CAT 黄色巴士

东西方向的循环巴士，自东到西一共有35个停靠站，途中经过维多利亚公园、海港城、柯林北街、威灵顿街巴士站、珀斯车站等。

🕐 周一至周四 6:00-19:30、周五 6:00-21:00、周六 8:30-19:00、周日和法定假日 10:00-19:00，8~15分钟1班

## 市区巴士

市区往北方行驶的市区巴士一般从威灵顿街巴士站搭乘，往南则在市区巴士站搭乘。

## 火车

从珀斯车站出发到郊区的费里图曼、阿马代尔、索恩利、君达乐、曼哲拉和内地等线路。

🕐 5:20至次日凌晨，约20分钟1班

## 渡轮

行程于天鹅河的渡轮主要是当地居民往返市区和南珀斯之间，以及前往南珀斯的动物园最佳的交通工具。

🏠 从 Barrack St. Jetty 出发、经 Mends St. Jetty 到 Barrack St. Jetty

🕐 6:45–20:00，每 20~30 分钟 1 班

### 出租车

💲 周一至周五 6:00–17:59 起步价 3.8 澳元，每千米 1.55 澳元，车停时间每分钟 0.7 澳元；周一至周五夜间 18:00 至次日 5:59 和周六、周日全天起步价 5.6 澳元，每千米 1.55 澳元，车停时间每分钟 0.7 澳元；电话叫车皆加 1.5 澳元

### 城市和英皇公园观光电车

在一日内可以不限次数搭乘，在沿途的 16 个停靠站自由上下车，重要的停靠点包括皇后花园、珀斯铸币局、市政厅、英皇公园、默里街购物中心等。

🏠 从巴瑞克街码头出发，可在出发点、车上、游客服务中心购票

🕐 除了圣诞节全年无休，9:30、10:40、11:40、13:00、14:25、15:35、16:20（部分时间出发的班次将不停靠部分景点）发车，全程约 2.5 小时

☎ (08)93222006

💲 全票 30 澳元、优惠票 12~25 澳元

🌐 www.perthtram.com.au

### 一日票

9:00 后的一日内可不限次数搭乘交通工具，可在车站自动售票机和巴士、渡轮上购票。

💲 全票 9.3 澳元、优惠票 3.7 澳元

### Smart Rider

具有储值功能。每次使用会比原票价再享有 15% 及 25% 的折扣，适合在珀斯停留较长时间的人。车票可在信息中心和经销商店购买。

💲 首次充值全票需 10 澳元、优惠票 5 澳元

## 旅游咨询

### 西澳游客服务中心

📍 Forrest Pl. 和 Wellington St. 交叉口

📞 1300361351

🕐 周一至周四 8:30–17:30、周五 8:30–18:00、周六 9:30–16:30、周日 12:00–16:30

🌐 www.westernaustralia.net
www.experienceperth.com

# 精华景点

## 梦佳湖
(Lake Monger)

🏠 Lake Monger Dr., Leederville, Perth
🚍 从市区搭出租车前往约 10 分钟可达
☎ (08)94831111

珀斯之所以被称为"天鹅之城"，是因为这座梦佳湖上优雅的黑天鹅。湖的三面被宽广的草地和茂密的树林包围着，位于湖面西边有一座人造的鸟类繁殖岛，吸引了许多鸟类成群结队在梦佳湖上一展风采。这些美丽的鸟类不但吸引了无数旅客驻足观赏，也为珀斯市区增添了浪漫优雅的一面。

美丽的黑天鹅时而在湖上悠闲地游着，一旁的塘鹅也不遑多让，频频将脖子伸长，露出大大的嘴巴。少数雁鸭则以缓慢的速度游走于黑天鹅之间，非常惬意。

## 英皇公园
(King's Park)

🏠 King's Park Rd., West Perth
🚍 搭免费巴士 37、39 号或免费 The Red CAT 于第 25 站 Havelock St. 站下，再沿着 Havelock St. 往山上步行约 1 千米可达
☎ (08)94803600
🌐 www.bgpa.wa.gov.au

占地 400 万平方米的英皇公园展示西澳独特的野花和各种鸟类，花的种类达 2000 种之多，不但是珀斯市民最喜爱的自然休憩场所，也是造访珀斯市区游客的首选之地。

每年 9—10 月，英皇公园所举行的野花节是西澳的一大盛事，更是世界上规模最大的野花展，吸引的游客人数达到 5 万。此时来到这里，除了可以欣赏到原本就展出的永恒蜡菊、袋鼠爪、卵爪、尤加利花、山龙眼等，还会有数万盆盆栽，爱花的人则可以买到与花相关的书籍、花的手工艺品和种花工具。

此外，222米长的Lotterywest Federation Walkway是一条由钢铁与玻璃组成、可走在树顶上的空中步道，也是英皇公园的精华景点之一。公园内的州立战争纪念碑，是用来纪念在第一和第二次世界大战中丧生的军人，广场上的永恒之火，则悼念为国捐躯而客死异乡的亡魂。先锋女性的铜像纪念女性当年所受的苦难，并且获得投票权。英皇公园由于处于较高的地势，自然成为鸟瞰珀斯市区和天鹅湖的最佳地点。

**史得林花园和最高法院花园**
(Stirling Gardens & Supreme Court Gardens)

🏠 Barrack St. 和 Georges Terrace St. 交叉口
🚌 搭巴士 16、41、42、43、44、48、55、60、66 号和免费 CAT 蓝色巴士于第 4 站 Town Hall 站下

坐落在市中心商业区的两座相连的花园——史得林花园和最高法院花园，扮演都市丛林中的绿洲。茂密的树木、宽广的草皮和赏心悦目的花丛，让这里成为珀斯市民中午休憩的最佳场所。

史得林花园名字是为了纪念天鹅河谷第一位首长詹姆士·史得林，因此在花园入口，塑立着詹姆士·史得林的铜像。另外还有代表澳大利亚的袋鼠铜像，其跳跃和喝水的模样，栩栩如生。

## 伦敦阁
(London Court)

🏠 在 Hay St. Shopping Mall 正对面

🚌 搭免费 CAT 蓝色巴士于 Hay St. Mall West 站下

🌐 www.londoncourt.com.au

珀斯的精华购物点集中在默里街和海伊街，在这里不但可以找到知名的设计师品牌，还可发掘澳大利亚当地设计师独创的服饰。不过游客走在繁忙的街头，还能看到眼前出现一栋古色古香的建筑，这就是伦敦阁。

这座充满英国维多利亚时期的建筑，精巧的结构线条和杰出的做工，使得伦敦阁成为珀斯重要的景点之一。走进伦敦阁就会发现不同于海伊街上的现代摩登商店，浓浓的英国风味让人有置身英国街道的感觉。这里也是购买澳大利亚纪念品的最佳场所，帽子、香水、明信片、珠宝和皮包配件……一次就能一网打尽。

## 珀斯铸币局
(The Perth Mint)

🏠 310 Hay St. East, Perth

🚌 搭免费 CAT 红色巴士于第 10 站 The Perth Mint CAT 站下

☎ (08)94217233

🕘 9:00–17:00

💴 免费，参观黄金展示区需付费

🌐 www.perthmint.com.au

● 黄金展示区

🕘 黄金烧铸表演 10:00–16:00 每个整点表演

💴 全票 15 澳元、优惠票 5~13 澳元

珀斯铸币局就位于珀斯市中心，于 1899 年开始运作，已有超过百年的历史，是世界上仍在运作的最古老铸币厂之一。这家铸币局于 1899 年 6 月开业，当时即成为英国皇

家铸币局，专门为英国殖民地铸炼在西澳东部新发现的金矿，并铸成一镑和半镑的金币，再运回英国。直到1970年，珀斯铸币局的拥有权才回到西澳政府的手中。在1984年以前，这座铸币局也铸造了大量的澳大利亚通用的钱币。

这里同时也提供铸造硬币的服务。游客可以购买纯银、镀银或是镀金的硬币，硬币的反面已经铸印了象征珀斯铸币厂的天鹅标记，游客可以在正面铸印姓名或是纪念性的文字，这种硬币可以说是独一无二的。进入珀斯铸币局参观是免费的，但是要参观黄金展示和黄金烧铸表演则须另付门票。

## 苏比雅克
(Subiaco)

🚌 搭 The Red CAT 于第22站 West Perth 站下，沿 Hay St. 向西步行接 Rokeby St. 可达；或从珀斯火车站搭开往费利曼图 Transperth 列车于 Subiaco 站下

● **Subiaco Hotel**
🏠 465 Hay St., Subiaco
☎ (08)93813069
🌐 www.subiacohotel.com.au

离珀斯不远的苏比雅克被当地的人称为苏比，街道充满着悠闲的气氛，是个非常适合散步的地方。这里有许多澳大利亚名设计师开设的高级服饰店、充满异国情调的舶来品店、苏比雅克市场和个性小店，和珀斯市中心繁华的购物区相较之下，苏比雅克的商店更具特色。

这里也以拥有各国风味的餐厅而闻名，不论是法国、黎巴嫩、中国、泰国和地道的澳大利亚餐厅，在这里都找得到。苏比雅克饭店就是其中一家很受欢迎的餐厅，不论何时都是座无虚席。

# 乌卢鲁·
# 卡塔楚塔
# 国家公园

这里是澳大利亚原住民——阿男姑人生活了超过数万年的红色大地，由独立巨岩乌卢鲁和群岩卡塔楚塔构成这片沙漠最美丽的景色。

1872—1873 年间，英国人先后发现了卡塔楚塔和乌卢鲁，并且给阿男姑人带来了一连串的灾难——英国政府宣称澳大利亚的土地并不属于任何人，所有人都可占领。直到 1985 年，原住民才取回这块土地，并由澳大利亚公园向原住民作为国家公园租借，租期 99 年。

现今，对各国的游客来说，被列入《世界遗产名录》的乌卢鲁，就是一块神秘又奇妙的巨岩而已，但正如原住民几万年来不变的信仰般，乌卢鲁包含了先祖们的精神和灵魂，不论以何种心情来到这里，都不要忘了这里是阿男姑人的家，必须虔敬、必须守礼。

# 乌卢鲁·卡塔楚塔国家公园交通

## 如何到达——飞机

　　从悉尼可搭乘澳大利亚航空、捷星航空或维珍蓝航空的航班前往，航程3~3.5小时；从艾丽斯泉可搭乘澳大利亚航空，航程约45分钟。

## 如何到达——火车

　　从悉尼搭印度洋—太平洋列车或从墨尔本搭 The Overland 列车到阿德莱德，再从阿德莱德搭 The Ghan 列车到艾丽斯泉，从艾丽斯泉搭巴士可达。

**澳大利亚铁路**

🌐 www.railaustralia.com.au

## 如何到达——巴士

　　艾尔斯岩位于艾丽斯泉西南方约440千米处，从艾丽斯泉可搭乘 AAT Kings 巴士或 APT 巴士，行经骆驼农场，车程5.5~6小时。

**AAT Kings 巴士**

🕐 7:30 出发、13:00 抵达

💴 全票 155 澳元、优惠票 80 澳元

🌐 www.aatkings.com

**APT 巴士**

☎ 1800891121

🕐 7:00 出发、12:30 抵达

💴 152 澳元

🌐 www.aptouring.com.au

## 如何到达——开车（租车）

　　从艾丽斯泉开车往南走斯图亚特公路，在厄尔丹达接拉斯特尔公路可达，距离440千米，车程约5小时。

## 如何到达——机场至市区交通

　　艾尔斯岩机场离艾尔斯岩度假村约6千米，可搭 AAT Kings 巴士到度假村，车程约10分钟，度假村游客可以免费搭乘。或者飞抵艾丽斯泉机场，再从艾丽斯泉乘车或开车过来。

## 当地交通

### 旅行团

国家公园内没有巴士也没有出租车，除了开车，最方便的方式就是参加当地旅游公司所提供的观光行程。这些行程可从艾丽斯泉或艾尔斯岩度假村出发，游客可以在下榻饭店的旅游咨询柜台询问并报名，行程都包含接送及导游，只要依照约定时间在饭店门口等待即可。

### Uluru Express

Uluru Express 除了提供国家公园内的参团行程，也提供艾尔斯岩度假村到乌卢鲁和卡塔楚塔间的往返接驳巴士。

🏠 118 Karli Ccrt,Yulara

☎ (08)89562019
  (08)89562019

💴 艾尔斯岩度假村——乌卢鲁全票 45 澳元、优惠票 30 澳元，艾尔斯岩度假村——卡塔楚塔全票 70 澳元、优惠票 40 澳元

🕐 www.uluruexpress.com.au

### 租车

请注意如果是自行开车前往而非参加旅行团，园区内没有加油站，也不提供任何餐饮，请事先准备。

### 自行车

Ayers Rock Resort Campground 提供自行车租车服务。

☎ (08)89577001

## 旅游咨询

### 艾尔斯岩度假村游客服务中心

☎ (08)82968010

🕐 周一至周五 8:00–18:30、周六、周日 9:00–17:00

### 乌卢鲁·卡塔楚塔国家公园

🏠 PO Box 119

☎ 公园管理处：(08)89561100
  文化中心：(08)89561128

🕐 12 月至次年 2 月 5:00–21:00、3 月 5:30–20:30、4 月 6:00–20:00、5 月和 8 月 6:00–19:30、6 月和 7 月 6:30–19:30、9 月 5:30–19:30、10 月和 11 月 5:00–20:00
  公园管理处 8:00–16:30
  文化中心 7:00–18:00（咨询柜台 8:00–12:00、13:00–17:00）

💴 入园 3 日券 25 澳元

🕐 www.environment.gov.au/parks/uluru

# 精华景点

## 乌卢鲁（艾尔斯岩）
(Uluru (Ayers Rock))

🏠 Lasseter Highway, Uluru–Kata Tjuta National Park, Northern Territory 0872, Australia

☎ (08)89561128

*MUST-VISIT PLACES* 必游之地

　　1873 年，也就是奥加斯岩被欧洲人发现的第 2 年，由威廉·构斯所领军的队伍发现了艾尔斯岩，并以当时的南澳首长亨利·艾尔斯为名，不过在 1985 年国家公园回归原住民后，现在多以本名"乌卢鲁"来称呼这块全世界最大的独立巨岩。

　　住在乌卢鲁一带的原住民称自己为"阿男姑"(Anangu)，他们的祖先是超自然的生物，可以随意为人为兽，像是蟒蛇女库尼雅、袋鼠人玛拉、蓝舌蜥蜴人龙卡塔等。

　　根据原住民法则"侏库尔帕"的说法，乌卢鲁是两个男孩在雨后玩弄泥巴所创造的杰作，对于阿男姑人而言，侏库尔帕并不是梦境，而是真实的故事，他们相信乌卢鲁的地理景观都是祖先们所留下的。先人们在侏库尔帕的创世纪一边征战，也一边创造了山脉与河流，他们将能量遗留在大地上，而乌卢鲁正是所有能量及精神的汇集地。

　　当游客亲身接近乌卢鲁，不只是那高度达 348 米的雄伟气势令人震慑，它从每一个角度所表露的橘红色曲线也让人着迷，无论晨昏，乌卢鲁似乎随时都在散发不可思议的力量，或许正如阿男姑人的信仰一般，数万年以来，先祖的灵魂仍然栖息在这里，日日夜夜守护着这块生命之石。

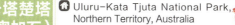

## 卡塔楚塔（奥加石）
(Kata Tjuta(The Olgas))

 Uluru-Kata Tjuta National Park, Northern Territory, Australia

☎ (08)89381120

由 36 块岩石所构成的卡塔楚塔，是位于乌卢鲁西边 32 千米处的群岩，占地约 35 万平方米的岩石群，平均高度 500 多米，其中最高的岩石，在 19 世纪被命名为"奥加斯山"。奥加斯群岩是原住民口中的"卡塔楚塔"，意思是"很多颗头"，虽然卡塔楚塔名气不如乌卢鲁，不过在荒漠中一字排开的橘红色巨砾，却另有一番气势。

和欣赏乌卢鲁的角度不同，想亲近卡塔楚塔容易多了，你可以走入群岩包围的山谷，感受每一块高低不同岩石的曲线、颜色和光影变化。和乌卢鲁同时浮出海面的卡塔楚塔，同样拥有氧化铁的成分，因此不只是巨岩本身，连谷地和地上的石砾都火红得宛如被烫过一般。但是奇妙的是，在这样荒凉的山谷里，还有小溪、水洞和生机盎然的树林花草。

根据"侏库尔帕"的说法，卡塔楚塔对于阿男姑人具有特殊的意义，因此和乌卢鲁一样，在这块圣地上有许多禁忌和传统，原住民在此所进行的仪式祭典，一般人不容参与，如果游客还想多看卡塔楚塔几眼，最好的方式就是前往国家公园开辟的日落野餐区域。在昏黄的光线里，看着卡塔楚塔没入深蓝色的苍穹，将会是游客一生难忘的回忆。

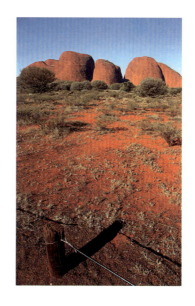

# 艾丽斯泉

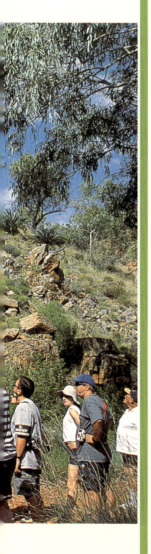

　　艾丽斯泉是一个由电信站所发展出来的小镇，原本这里属于阿伦特原住民，直到 1871 年电信站开设，欧洲移民才开始进驻这里。在艾丽斯泉所交汇的两条河流，就分别以当时的电信监督者查理·拓德命名，而位于电信站旁的泉水源头，则以拓德的妻子为名，也就是艾丽斯泉。

　　当时在中澳许多地区都开放农地出租，加上蜂拥而至的淘金矿工，原以为会为这里带来繁荣，不过金子数量并不如想象中的多，所以到了 1930 年，全镇人口也不过 1000 人而已。

　　在 1933 年这里正式更名为艾丽斯泉，到了 1950 年，观光业终于为小镇带来前所未有的难得盛景，1960—1980 年，人口几乎呈倍数增长。今日许多人前来艾丽斯泉不只是为了欣赏古迹，更是为了追寻那遥远又怀旧的拓荒气息。

# 艾丽斯泉交通

### 如何到达——飞机

从悉尼、墨尔本、珀斯、凯恩斯、阿德莱德、艾尔斯岩可搭乘澳大利亚航空的航班，航程从悉尼至艾丽斯泉约 3.5 小时、从墨尔本至艾丽斯泉约 3 小时、从珀斯或凯恩斯至艾丽斯泉约 2.5 小时、从阿德莱德至艾丽斯泉 2 小时、从艾尔斯岩至艾丽斯泉约 45 分钟。

### 如何到达——火车

The Ghan 列车行驶于阿德莱德和达尔文之间，中途停靠艾丽斯泉，一周 2 班车。火车站到市区出租车费 10~20 澳元。

**澳大利亚铁路**

🌐 www.railaustralia.com.au

### 如何到达——巴士

可搭乘灰狗巴士，从阿德莱德出发车程 19.5 小时、从达尔文出发 21 小时。

☎ (08)89527888

🌐 www.greyhound.com.au

### 如何到达——机场至市区交通

艾丽斯泉机场位于艾丽斯泉镇南方约 15 千米处。

🌐 www.alicespringsairport.com.au

**艾丽斯泉机场接驳巴士**

接驳巴士每天皆会配合航班起降时间提供服务，车票可于车上购买。

💴 单程全票 19 澳元、优惠票 14 澳元

🌐 www.buslink.com.au

**出租车**

☎ (08)89521877

💴 到艾丽斯泉镇约 30 澳元

## 当地交通

### 旅游团

可于当地参加半天至两天的旅游团，可选择在艾丽斯泉观光，或是前往乌卢鲁·卡塔楚塔国家公园旅游。

### The Alice Wanderer 观光行程

提供半天或一天的市区行程、沙漠公园及西麦当诺公园行程。

🏠 从 Todd Mall 和 Gregory Terrace 的十字路口出发

☎ (08)89522111

🌐 www.alicewanderer.com.au

### Adventure Tours 和 Austour

提供前往乌卢鲁·卡塔楚塔国家公园一天或两天行程，含国家公园入园费。

🌐 www.adventuretours.com.au、www.austour.com.au

### 巴士

行驶于镇区大部分地区。

🕐 周一至周五、周六早上

### 出租车

💴 周一至周五 6:00–17:59 起步价 3.8 澳元，每千米 1.83 澳元，车停时间每分钟 0.6 澳元；周一至周五夜间 18:00 至次日 5:59 和周六、周日全天起步价 4.9 澳元，每千米 2.17 澳元，车停时间每分钟 0.6 澳元；电话叫车皆不加价

### 观光巴士

在一日内可以不限次数，在艾丽斯泉镇上的 15 个停靠站自由上下车，包括老电报站、安卓克之丘、皇家飞行医生服务站、中澳博物馆、拓德商店街等。

🏠 可于饭店接送；可在出发点、车上和游客服务中心购票

🕐 9:00、10:10、11:20、12:30、13:40、14:50、16:00

💴 全票 44 澳元、半票 28~42 澳元；上网购票另有优惠

🌐 www.alicewanderer.com.au

## 旅游咨询

### 中澳游客服务中心

🏠 Gregory Terrace, Alice Springs

🕐 周一至周五 8:30–17:30、周六、周日 9:00–16:00

🌐 www.centralaustralian-tourism.com

# 精华景点

## 艾丽斯泉沙漠公园
## (Alice Spring Desert Park)

- Larapinta Drive, Alice Springs
- 位于市区西郊约3千米，从市区开车10~15分钟
- (08)89518788
- 7:30~18:00（16:30最后入场），圣诞节休息
- 全票20澳元、优惠票10~14澳元
- www.alicespringsdesertpark.com.au

强调和原始自然环境合二为一的沙漠公园，提供相当值得一看的参观。公园分成3个区，由沙漠河流栖息地、沙域栖息地、森林栖息地3区构成，另外设置夜行馆。

夜行馆是公园的招牌景点，游客能看到夜行小动物们活跃的身影，而森林区的小袋鼠和鸸鹋也很受欢迎，没有围篱的限制，游客可以近距离接触它们。沙漠公园每天都安排许多场专人解说，包含原住民生活文化、沙漠的动植物生态等不同类型的导览。还有有名的鸟群猎食表演，由于公园位于山谷中，因此当导览者将诱饵丢向空中，栖息在附近的鸟类即会自动前来猎食，甚至可以见到雄赳赳的老鹰盘旋捕食。

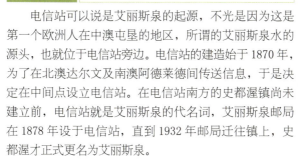

**西麦当诺国家公园**
(West Macdonnell National Park)

🏠 South Stuart Highway, Alice Springs
🚇 在沙漠公园西边，从市区开车 30 分钟
☎ (08)89518211
🕐 5:00–20:00

● **The Alice Wanderer 观光行程**

🏠 可于饭店接送
☎ (08)89522111
💴 全票 117 澳元（含门票、午餐和下午茶）；上网购票另有优惠
🌐 www.alicewanderer.com.au

西麦当诺国家公园占地非常广大，即使是距离入口最近的史丹利裂缝，也有 18 千米之遥，因此建议游客参加从艾丽斯泉出发的观光行程，这可以说是初步游览公园最轻松的方式，行程包含游览史丹利裂缝及辛普森峡谷。游客步行进入峡谷的顶部，沿路上可以见到许多北领地的植物，而橘红色的直削谷壁和谷底清澈的水流，不禁让人赞叹造物者的神奇。

**电信站历史保护区**
(Telegraph Station Historical Reserve)

🚌 位于市区北郊约 4 千米，从市区开车约 8 分钟
☎ (08)89523993
🕐 8:00–21:00

电信站可以说是艾丽斯泉的起源，不光是因为这是第一个欧洲人在中澳屯垦的地区，所谓的艾丽斯泉水的源头，也就位于电信站旁边。电信站的建造始于 1870 年，为了在北澳达尔文及南澳阿德莱德间传送信息，于是决定在中间点设立电信站。在电信站南方的史都渥镇尚未建立前，电信站就是艾丽斯泉的代名词，艾丽斯泉邮局在 1878 年设于电信站，直到 1932 年邮局迁往镇上，史都渥才正式更名为艾丽斯泉。

在电信站不但可以看得到古董级的电报设备，也可以看到昔日站长家庭的居住摆设，名为"营房"的小屋是电信站第一栋主要建筑，现存的长形房间，原由 4 间房间组成，分别用来作为站长家庭的孩子和电报员的卧室。

# 周边景点

## 卡卡杜国家公园
(Kakadu National Park)

🚌 卡卡杜国家公园距离北领地的首府达尔文约 153 千米，从达尔文开车出发需 3 个小时，沿着号称为"自然之路"的 Arnhem Highway 公路往东前进，再到乌比尔观赏古老的岩石壁画

🕐 澳大利亚北部之端一般分为雨季和旱季，属于热带气候，5—10 月为旱季，11 月至次年 4 月为雨季，通常由于雨季期间部分景点水位上升，一般游客无法开车进入，而且气温闷热潮湿难耐，因此最佳的旅游季节为旱季。而著名的 Jim Jim Falls & Twin Falls 等景点，则须搭乘四轮传动车才能前往。但雨季时的雷雨磅礴也是卡卡杜著名的特色之一，吸引喜爱挑战的游客前来

● 波瓦利游客服务中心

🕐 8:00—17:00

☎ (08)89381121

💰 进入卡卡杜国家公园免费，但在国家公园内露营区露营过夜需付清洁费

🏠 www.environment.gov.au/parks/kakadu

　　占地面积达 2.2 万平方千米的卡卡杜，是澳大利亚最大的国家公园，也是澳大利亚第一批被列入《世界遗产名录》的地点。在此蕴藏丰富的动植物生态及原住民生活 5 万年的遗迹，是少数被列入《世界遗产名录》的国家公园。

　　"卡卡杜"之名源于当地名为"Gagadju"的原住民，大部分卡卡杜地区是原住民的居住地，在经过血泪抗争后，卡卡杜归还给原住民，目前租借给国家开放观光。

　　每年到了 11 月至次年 3 月的雨季，充沛水量所凝聚的洼地成为大量鸟类的栖息地，瀑布和雨林让卡卡杜生机盎然。事实上，地处澳大利亚北端热带地区的卡卡杜之所以珍贵，是因为园中延续生息的生态环境，在几乎未受人类活动干扰的情况下，繁衍着 50 多种哺乳动物、280 多种鸟类、123 种爬行动物、77 种淡水鱼类及 1 万种昆虫。

　　也许就是因为如此丰沛的生态资源，为当地的原住民提供了丰富的创作灵感，他们留下大量的岩石艺术遗迹、石器工艺品、用于祭祀的赭石等，即便时至今日，受到殖民者入侵的影响，部分传统与仪式已经遗失，然而原住民和卡卡杜大地之间，仍旧是紧密相连的。

# 阿德莱德

　　南澳首府阿德莱德是座经过完善规划所建立的城市，相较于澳大利亚其他曾成为英国流放罪犯的城市，阿德莱德的居民组成大多来自于英国、希腊、德国等欧洲先进国家的移民，城市内到处可见维多利亚式的建筑，教堂、公园、绿地、博物馆林立，这也是其特色。

　　阿德莱德以整齐干净、繁花似锦的城市风情、友善纯真的民情，被世界各国的旅游指南评选为"澳大利亚最美和最有格调的城市"，更令美国作家马克·吐温倾心。他于 19 世纪末拜访此地时，也惊讶于这个城市的美，并以仿佛"来到天堂"的形容来抒发对阿德莱德的喜爱。

# 阿德莱德交通

### 如何到达——飞机

从悉尼、布里斯班或墨尔本可搭乘澳大利亚航空、捷星航空或维珍蓝等航空前往，从悉尼航程约2小时，从布里斯班航程约2小时40分钟、从墨尔本航程约1小时20分钟。

### 如何到达——火车

从悉尼或珀斯可搭乘印度洋—太平洋列车、从墨尔本可搭乘The Overland、从达尔文可搭乘The Ghan到达阿德莱德，车站位于市区以西的维克车站。可搭电车前往市区的阿德莱德车站。

澳大利亚铁路

🌐 www.railaustralia.com.au

### 如何到达——巴士

阿德莱德长途巴士站位于中央巴士站，从悉尼、墨尔本、珀斯和达尔文可搭乘灰狗巴士前往，从悉尼出发车程约25小时、从墨尔本出发约11小时。

☎ 131499

🌐 www.greyhound.com.au

**Firefly Express**

☎ 1300730740

🌐 www.fireflyexpress.com.au

**Premier Stateliner**

☎ (08)84155555

🌐 www.premierstateliner.com.au

**V/Line**

☎ 136196

🌐 www.vlinepassenger.com

## 如何到达——
## 机场至市区交通

阿德莱德机场位于市区西方 7 千米处。

🌐 www.adelaideairport. com.au

### 机场接驳巴士

☎ (08)83320528

🚌 从机场到市区 6:20-20:45、从市区到机场 5:50-20:15、每 0.5~1 小时 1 班

💰 单程全票 10 澳元、优惠票 5 澳元，往返 16 澳元

🌐 www.skylinkadelaide.com

❗ 从市区到机场需事先预约

## 市区交通

阿德莱德市区及郊区大众运输系统包含了巴士、火车和格莱内尔格电车，统一由阿德莱德地铁经营，单程票种（Singletrip）分为 2 小时内有效可转乘的 Zone 区域和 3 千米内不可转乘的 2 段票（2 Section），价格有全时段和离峰时间之别。

💰 全时段 Zone 全票 4.7 澳元、优惠票 2.4 澳元，2 段票 2.8 澳元；周一至周五 9:01-15:00 离峰时段 Zone 全票 2.9 澳元、

优惠票 1.3 澳元，2 段票 2 澳元

Adelaide Metro
Information Centre

🏠 King William 和 Currie St. 交叉口

☎ (08)83030822

🌐 www.adelaidemetro. com.au

### 99C 号 City Loop 免费巴士

搭此免费巴士可绕行市区主要景点。

### 电车

从北大街的西城经维多利亚广场开往格雷宁沙滩。

### 出租车

 Adelaide Independent Taxi: 132211
Suburban Taxis: 131008

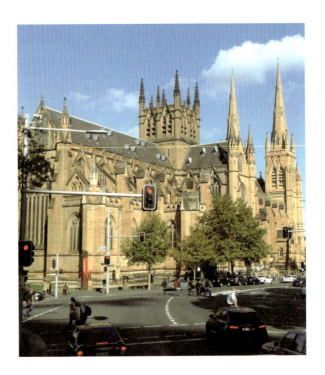

¥ 周一至周五 6:00-18:59 起步价 3.5 澳元，每千米 1.69 澳元，车停时间每分钟 0.6 澳元；周一至周五夜间 19:00 至次日 5:59 和周六、周日全天起步价 4.9 澳元，每千米 1.85 澳元，车停时间每分钟 0.6 澳元；电话叫车不需加价

### 一日票

　一日内可不限次数搭乘交通工具。

¥ 全票 8.8 澳元、优惠票 4.4 澳元

### 多程票

　内含 10 张单程票，即可搭乘 10 次交通工具。

¥ 全时段全票 30.9 澳元、优惠票 15.3 澳元、2 段票 16.7 澳元；离峰时段全票 16.9 澳元、优惠票 8.1 澳元，2 段票 13 澳元

## 旅游咨询

**南澳大利亚游客服务中心**
**South Australian Tourism Commission Visitor**

⌂ 18 King William St.

☎ 1300655276

🕐 周一至周五 8:30-17:00、周六、周日和法定假日 9:00-14:00

🌐 www.southaustralia.com

# 精华景点

## 阿德莱德之丘与德国村
### (Adelaide Hill & Hahndorf)

🚌 前往阿德莱德之丘的公共交通很少，可从阿德莱德开车或报名旅游团参加
● **阿德莱德之丘游客服务中心**
☎ (08)83881185
● **德国村游客服务中心**
🏠 41 Main St.
☎ 1800353323

阿德莱德之丘距离阿德莱德市区只有30分钟车程，也是南澳酒乡之一，当地以出产白葡萄酒闻名，保有一座传统大水车的巴罗萨谷酒庄就酿制十多种白酒供消费者选择。

所有欧陆移民中，唯一留下的较完整村落便是在阿德莱德之丘的德国村，虽然已经相当观光化，却不刻意做作，转角的皮革店、挂满零食的糖果店、供应正统德国香肠的肉铺，甚至在公园前展示德国手摇音乐车的爷爷，都可爱得让人忍不住驻足停留。

若要了解德国村在当地的发展，坐落在主要道路上的研究院收藏了许多当地庶民文物。由于该建筑原来是医院，尔后改为艺术学校，目前1楼展览室也展出当地艺术家的作品与设计商品供游客参观选购。

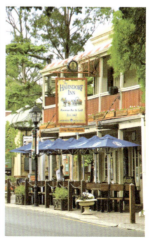

**巴洛莎河谷**
(Barossa Valley)

🚌 从阿德莱德的中央巴士可搭 Barossa Valley Coaches 前往巴洛莎河谷，周一至周六每日 2 班、周日 1 班

☎ (08)85643022

🖥 www.bvcoach.com

● 巴洛莎游客服务中心

🏠 66-68 Murray St., Tanuda

☎ 1300852982

🕐 周一至周五 9:00-17:00，周六、周日和法定假日 10:00-16:00

🖥 www.barossa.com

距离阿德莱德约 1 小时车程的巴洛莎河谷，是南澳红酒产量颇丰的酒乡之一。巴洛莎的开发与 19 世纪的欧洲移民有关，最早进城开发的是英国人，而后德国、希腊、意大利人陆续移入，人们将原来传统的畜牧与农耕生活方式一起带进澳大利亚大陆，葡萄酒也在此时被引进南澳。

由于巴洛莎的土壤和气候相当适合葡萄生长，因而成为当地最普遍的农作物，葡萄酒的酿制也随之兴盛。多家澳大利亚葡萄酒品牌皆出自巴洛莎，包括老字号的彭福尔德、外销产量最大的杰卡斯以及获奖无数的彼德利蒙等。每个酒庄或品牌都有风格独具的红、白葡萄酒，欢迎游客前往品酒、试酒。

**袋鼠岛**
(Kangaroo Island)

✈ 从阿德莱德可搭 Regional Express 飞机前往袋鼠岛金斯科特机场，每日 4 班，航程约 35 分钟

☎ 131713

🖥 www.regionalexpress.com.au

🚢 也可搭 Kangaroo Island SeaLink 渡轮前往，船程约 45 分钟

☎ 131301

🖥 www.sealink.com.au

● 袋鼠岛游客服务中心

🏠 Howard Dr., Penneshaw

☎ (08)85531185

🕐 周一至周五 9:00-17:00，周六、周日和法定假日 10:00-16:00

🖥 www.tourkangarooisland.com.au

袋鼠岛是澳大利亚的第三大岛，1802 年，一位英国船长马修·弗林德斯发现了这座岛，据传因为他见到岛上有许多袋鼠，才将岛屿以此命名，但因为岛上的原生

袋鼠体型较澳大利亚内陆的袋鼠要小，毛色深且长，也有人怀疑这位船长也许看到的不是 Kangaroo 而是另一种小型袋鼠 (Wallaby)。

究竟这位船长看到什么袋鼠已经不可考，袋鼠岛完整的自然环境确实成为野生动物们的天堂。由于全岛约有 48% 的面积被植物覆盖，且大部分土地都已成为动物保护区，目前岛上包括原始生态及境外移入的动物、鸟禽、两栖动物等共有 900 多种。岛上随时都可见成群的放牧牛羊，躲在树上睡觉的树袋熊，大步在草地上行走的澳大利亚灰雁 (Cape Barren Goose)，在野花盛开的土地上跳跃的袋鼠，以及不时从草丛窜出的蜥蜴等，更有停在枝丫上各种不知名的鸟类。

袋鼠岛上的袋鼠多为原生，但树袋熊其实是 1920 年移入的物种，由于没有天敌，加上天然提供的饮食无虞，树袋熊在当地生活安逸、繁殖不断增长，现在岛上已有数万只之多，为限制数量，相关单位不得不将部分树袋熊送回澳大利亚内陆，或实施人工节育。

在岛上，除了四处可见的袋鼠、树袋熊，还可以在特定地点观察海狮和新西兰海豹。海豹湾自然保护公园位于袋鼠岛的南方，设有游客中心与导览人员，旅客可参加导览行程，和解说人员一起走下海滩，近距离观察海狮。

# 霍巴特

　　塔斯马尼亚首府霍巴特是世界著名的深水港，丰富的鲸鱼让它在殖民时期迅速发展为南半球捕鲸中心，直到1880年有其他燃料取代了鲸鱼油，捕鲸业才渐趋没落。如今的霍巴特是个美丽的海港城市，曾被知名旅游书《孤独星球》评选为世界上最上镜的城市的第三名。

　　霍巴特于1803年被开发，比悉尼仅晚了16年，是澳大利亚第二古城。宽阔的德尔文河贯流过整座城市，注入塔斯曼海，周边有美丽的高山、雨林、海滩。

# 霍巴特交通

### 如何到达——飞机

　　从悉尼、墨尔本可搭乘澳大利亚航空、捷星航空或维珍蓝航空前往，从悉尼航程约 2 小时，从墨尔本航程约 1 小时 15 分钟，从布里斯班可搭乘维珍蓝航空，航程约 2 小时 45 分钟。

### 如何到达——巴士

　　如果从塔斯马尼亚其他城市前来霍巴特，有几家长途巴士公司可供选择。

**Redline Coaches**

🏠 199 Collins St.

☎ (03)00360000

🌐 www.tasredline.com.au

**Tassielink**

🏠 Hobart Bus Terminal, 64 Brisbane St.

☎ (03)00300520

🌐 www.tassielink.com.au

### 如何到达—— 机场至市区交通

　　霍巴特国际机场位于市区以东 17 千米。

☎ (03)62161600

🌐 www.hobartairpt.com.au

**Redline 接驳巴士**

　　可跟司机事先指定下车的地点，巴士最后会停靠在霍巴特巴士总站。

🏠 199 Collins St.

☎ (03)00385511

🕐 8:00–18:00

¥ 单程全票 15 澳元、优惠票 10 澳元，往返全票 25 澳元

🌐 www.tasredline.com.au

**出租车**

¥ 机场到市区 33~38 澳元

## 市区交通

### 步行

霍巴特市区大部分景点步行可达。

### 巴士

塔马尼亚地铁是市区主要交通工具，对面位于邮局内的地铁商铺，可以索取路线图和时刻表；如果从霍巴特前往周边景点或郊区，也可以到塔马尼亚地铁巴士站搭车；至于前往塔马尼亚其他城市，则需到霍巴特巴士总站搭乘。

**Metro Tasmania 巴士站**

☎ 132201

💲 全票 1–4 区 2.5 澳元、5–10 区 3.7 澳元、11–15 区 5.6 澳币，优惠票全区 1.2~1.8 澳元

🌐 www.metrotas.com.au

**Metro Shop**

🏠 9, Elizabeth St.

🕐 周一至周五 8:30–17:00

### 出租车

☎ City Cabs：131008
Maxi-Taxi Services：
(03)62348061
Taxi Combined Services：
132227

💲 周一至周五 6:00–20:00 起步价 3.3 澳元，车停时间每分钟 1.3 澳元，周一至周五夜间 20:01 至次日 5:59 和周六、周日全天起步价 3.3 澳元，车停时间每分钟 1.3 澳元。电话叫车不需加价

### 租脚踏车

**Bike Hire Tasmania**

🏠 109 Elizabeth St.

☎ (03)62344166

🌐 www.bikehiretasmania.com.au

### 全日券

可于周一至周五 9:00 后和周六、周日、法定假日的全天，不限次数搭乘 Metro Tasmania 巴士。

💲 全票 4.6 澳元、优惠票 3 澳元

## 旅游咨询

### 霍巴特游客服务中心

🏠 20 Davey St., Hobart

🚏 从霍巴特巴士总站步行 10~12 分钟可达

☎ (08)00990440

🕐 周一至周五 8:30–17:30，周六、周日和法定假日 9:00–17:00

🌐 www.hobarttravelcentre.com.au

# 精华景点

## 霍巴特港
### (Hobart Harbour)

🏠 Hobart Harbour
🚍 从游客服务中心步行约 15 分钟可达
🕐 全天
¥ 免费

　　霍巴特是世界著名的深水港，苏利文湾密密麻麻停泊着帆船、小游艇，在碧海蓝天的陪衬下甚是迷人。每天傍晚时分，码头旁有私人帆船搭载游客出海，享受霍巴特的日落美景，此时想享受片刻宁静，港畔的木头码头是最合适的地点。

　　夕阳从威灵顿山落下后，霍巴特港码头边就开始热闹了，围绕着港边为数众多的餐厅，是游客品尝现捞新鲜海鲜的地方。吃完晚餐沿着港边散步，海风吹拂，渔火点点，十分悠闲浪漫。而在霍巴特港外海，挺立着一座铁壶灯塔，是澳大利亚最早的一座灯塔，建于 1833 年。

**莎拉曼卡区与莎拉曼卡市集**
(Salamanca Place & Salamanca Market)

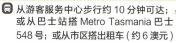
🚌 从游客服务中心步行约 10 分钟可达；或从巴士站搭 Metro Tasmania 巴士 548 号；或从市区搭出租车（约 6 澳元）

● 莎拉曼卡艺术中心
🏠 77 Salamanca Pl.
☎ (03)62348414
🕐 9:00-18:00
🖱 www.salarts.org.au

在王子港口南端的莎拉曼卡区，一长排砂岩所盖的乔治亚式建筑，正是澳大利亚殖民式建筑的经典代表。这里原本是捕鲸热潮时的鲸鱼仓库，时间可以追溯到1830 年，到了今日，已经摇身一变成为艺术品店、艺廊、露天咖啡馆、餐厅聚集的地方，成为带有浓厚艺术气息的商业区。每逢周六，莎拉曼卡街摇身一变成为假日市集，各式小摊和逛街的人潮让此处热闹无比。

走一趟霍巴特的莎拉曼卡市集，便知塔斯马尼亚大地所蕴藏的丰厚能量。来自塔斯马尼亚各个农场的上乘农产品，全数在此展开，接受民众和游客的礼赞。肥嫩多汁的牛肉、鲜红欲滴的草莓与覆盆子、世界顶级的高纬度红酒、得奖无数的奶酪、鲜花所提炼的各式精油，还有刚从大海捞上来的鲑鱼、扇贝、章鱼、大洋鳟、鲍鱼、生蚝……这里仿佛一座大型天然储藏室。

当然，霍巴特的"文艺的一面"也在此时展现，各式各样的音乐、艺术品、雕刻、收藏品、书籍、衣服、珠宝，全部出现在这个每周一次的盛会中。

**威灵顿山**
(Mt. Wellington)

🚌 从霍巴特市区搭 Metro Tasmania 巴士 48、49 号到达半山腰 Fern Tree 站，再步行上山，路程往返需 5~6 小时；或搭威灵顿山巡回巴士

☎ 预约电话 (04)08341804

🕐 周一至周五 9:30、12:00、14:30 和周六、周日 9:30、13:30 由霍巴特出发

¥ 往返车费 25 澳元

☎ (03)62382176

🌐 www.wellingtonpark.tas.gov.au

威灵顿山海拔 1270 米，从霍巴特宽阔的港湾边拔地而起，10 分钟之内，就可以从位于海平面的霍巴特市中心直上山野。而这条长 21 千米的山区大道，随着海拔升高，两边的生态环境从温带雨林转变成次寒带高山植物。

威灵顿山顶上视野奇佳，尽览整个霍巴特市区和塔斯曼半岛，宽阔的德尔文河和苏利文港湾上游船如织。山顶上除了设置景观瞭望台，还有多条健身步道和烤肉野餐设备。对霍巴特市民来说，威灵顿山就是他们的后花园，是假日休闲，甚至平日健身的最佳去处。

**里奇蒙镇**
(Richmond)

🚌 从霍巴特可搭 Richmond Tourist Bus 往返里奇蒙镇，每天 2 班车，同一般巴士有 3 小时的停留时间

☎ (04)08341804

🕐 9:15 和 12:20 霍巴特出发

¥ 车费往返 25 澳元

里奇蒙镇横跨煤河两岸，位于霍巴特东北方 27 千米处，从霍巴特前往只需 30 分钟车程，也是霍巴特市民经常前往度过周末的小镇。过去这里是遣送犯人到阿瑟港监狱途中的战略军事驿站，相较于霍巴特，这里的古建筑保留得更完整，也是澳大利亚早期建筑的代表。

这包括了澳大利亚最古老的乱石砌石桥，于 1823 年由犯人所建；澳大利亚最古老的罗马天主教堂——圣约翰教堂，约建于 1830 年中期；还有建于 1825 年的里奇蒙监狱。镇上的建筑大多都保留了英国乔治亚式的殖民风格，经过装修之后，化身成为艺术品店、雕塑艺廊、餐厅及商店。

# 朗塞斯顿

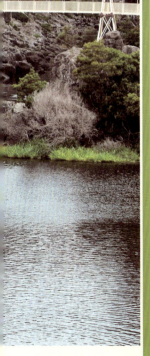

　　朗塞斯顿是继悉尼、霍巴特之后的澳大利亚第三大古城。1804年，英国殖民者远渡重洋，在塔玛河旁的朗塞斯顿落脚定居，留下了多座保存完整的维多利亚时期建筑，让这里的街道有着浓厚的英式情调。

　　走出市区，游客不妨循着塔玛河造访朗塞斯顿市郊各景区。塔玛河谷仿佛一条蓝色水带，连接朗塞斯顿和贝斯海峡，宽阔的河口湾足以让洋轮直达市中心。平静的蓝色水岸两旁，尽是绿油油的果园、牧场、森林和葡萄园，酒庄林立，因而成为塔斯马尼亚最著名的美酒之路。

　　塔玛河谷是塔斯马尼亚主要的葡萄酒产区，此处酿造的葡萄酒，在澳大利亚深受欢迎并频频得奖，在国际上也享有知名度，因此来到朗塞斯顿，一定要抽空前往当地的酒庄，尝一口香醇的葡萄酒。

# 朗塞斯顿交通

## 如何到达——飞机

从悉尼、墨尔本可搭乘澳大利亚航空、捷星航空或维珍蓝航空前往，从悉尼航程约1小时40分钟，从墨尔本航程约1小时；从布里斯班可搭乘澳大利亚航空和捷星航空，航程约2.5小时。

## 如何到达——巴士

从霍巴特可搭巴士前往，车程约2.5小时。

Redline Coaches

☎ (03)00360000

¥ 车费38澳元

🌐 www.tasredline.com.au

Tassielink

☎ (03)00300520

🌐 www.tassielink.com.au

## 如何到达——机场至市区交通

朗塞斯顿机场位于市区南方15千米处。

☎ (03)63916222

🌐 www.launcestonairport.com.au

### 接驳巴士

每天皆会配合航班提供服务，车票可于车上购买。

¥ 单程14澳元

### 出租车

¥ 机场到市区30~35澳元

## 市区交通

### 步行

朗塞斯顿市区大部分景点步行可达。

### 出租车

¥ 周一至周五6:00-20:00起步价3.3澳元，车停时间每分钟1.3澳元；周一至周五夜间20:01至次日5:59和周六、周日全天起步价3.3澳元，车停时间每分钟1.3澳元；电话叫车不需加价

## 旅游咨询

### 朗塞斯顿游客服务中心

🏠 12-16 St. John St., Launceston

🕐 周一至周五9:00-17:00，周六、周日和法定假日9:00-15:00

☎ (08)00651827

🌐 www.visitlauncestontamar.com.au

# 精华景点

## 朗塞斯顿市区
(Launceston)

⌂ Launceston
🚶 徒步
🕐 全天

走在朗塞斯顿市区主要街道上，很容易误以为身处英国的小城镇，喜欢建筑的游客，在这里可以领略到与霍巴特不同的古老城镇风情。

公园绿地多是朗塞斯顿一大特色，市区三大公园：市立公园、皇家花园和国王公园，每一座都有相当长的建园历史，都是维多利亚时期英式花园，高大的树木林立，当季花卉缤纷似锦，设计上巧妙地将公园与市容融为一体，呈现古典与绿意交融的浪漫情怀，澳大利亚人很自豪地称朗塞斯顿为"公园之城"。

朗塞斯顿地处塔玛河谷中心，两面临河，东西两边则紧挨着山丘，四周有着秀丽的田园风光，许多民居就盖在山上，面对着视野极佳的河谷风光。或许是当地居民被居家环境的优雅所感染，虽然是塔岛的第二大城，人口不到 10 万的朗塞斯顿却是个相当宁静低调的城市，尤其是黄昏及周末假日，市区主要商业街几乎空无一人，走在街上的全是品味当地悠闲情调的游客。

| | |
|---|---|
| **卡塔拉克特峡谷**<br>(Cataract Gorge)<br> | ⌂ 位于朗塞斯顿市区西边 1 千米处，步行约 15 分钟可达 |
| | ☎ (03)63315915 |
| | 🕐 升降机夏季 9:00-18:00、冬季 9:00-16:30、春季和秋季 9:00-17:00 |
| | ¥ 升降机单程全票 12 澳元、优惠票 8~10 澳元、往返全票 15 澳元、优惠票 10~12 澳元 |
| | 🌐 www.launcestoncataractgorge.com.au |

*必游之地 MUST-VISIT PLACES*

朗塞斯顿市民的幸福度，从与卡塔拉克特峡谷的距离之近，便可知其一二。从市区向西跨过国王桥，便会立刻恍如隔世，走进卡塔拉克特峡谷的桃花源。卡塔拉克特峡谷周边是野生动物保护区，千万年前，南艾斯克河在汇入塔玛河时，河水切穿坚硬的玄武岩，形成了卡塔拉克特峡谷两岸尽是垂直的悬崖峭壁。

今天，整个峡谷区就是朗塞斯顿市民的后花园以及天然运动场，近乎垂直的陡峭河岸，是个天然的攀岩场；河岸两旁，则是民众跑步、健行的天然跑道；在峡谷底部，建有一个标准游泳池，泳池畔，如茵的草地则是民众的野餐区，所有的设施都是免费的。如果这样还不够，也可以搭乘升降机，从空中俯瞰整个卡塔拉克特峡谷。

## 布利得斯托薰衣草农庄 (Bridestowe Lavender Farm)

- 296 Gillespies Rd., Nabowla
- 从朗塞斯顿开车走 B81 公路，车程约 45 分钟
- (03)63528182
- 10 月至次年 4 月 9:00-17:00，5 月至 9 月周一至周五 10:00-16:00
- www.bridestowelavender.com.au

　　布利得斯托薰衣草农庄是世界上数一数二大的商业性薰衣草农庄，每年 12 月至次年 1 月，游人如织，紫色花田起伏如波，一株百年橡树独自挺立在花田中央，遮挡了大片阳光。

　　这里的薰衣草是有来头的，1922 年，来自英格兰的丹尼夫妇选择了土壤、气候都与原生地极为接近的布利得斯托，首度在这片红土撒下纯法国南部阿尔卑斯山品种的薰衣草种子，只是阿尔卑斯的高海拔换成了塔斯马尼亚的高纬度。80 多年来，布利得斯托薰衣草农庄从最初不到 167 平方米到今天的 48 万平方米，从最早的镰刀收割到今天的机器采收，从花近半个世纪的时间研发精油提炼，到今天已经是世界驰名的薰衣草精油领导品牌。而经营者几经更迭，2007 年 2 月由罗伯·拉文夫妇接手，原本从事化工的罗伯进一步强化布利得斯托的精油萃取技术，而身为营养师的太太——珍妮弗，更是设计出各种薰衣草甜点、食谱，为整座农场增色不少。

## 萝丝镇 (Ross Town)

- 从朗塞斯顿或霍巴特开车走 1 号快速公路
- ● **萝丝游客服务中心**
- Tasmanian Wool Centre, Church St.
- (03)63815466
- 9:00-17:00
- www.visitross.com.au

　　由霍巴特行驶 1 号快速道路前往朗塞斯顿，或从朗塞斯顿向南行驶，多数游客会在离霍巴特约 120 千米、朗塞斯顿 80 千米的萝丝小镇停留。1812 年村民沿着玛魁尔河 (Macquarie) 开垦家园，此为萝丝小镇开拓史的开始，最著名的萝丝桥建于 1836 年，桥上有 186 个精致优美的

浮雕，为殖民时期英国罪犯设计打造的。

1988 年开幕的塔斯马尼亚羊毛中心，为萝丝镇上的羊毛主题博物馆，该中心同时提供萝丝小镇的旅游导览服务，并可代为安排住宿。时间充裕的话，建议到镇上的萝丝面包屋喝杯咖啡、吃块面包，萝丝面包屋拥有全塔斯马尼亚最古老的木材烧烤面包炉，古法烘焙的面包吃起来的口感很特殊。这里也提供 4 星级的旅馆住宿。

## 美人角
### (Beauty Point)

🚌 从朗塞斯顿开车沿塔玛河的 A7 公路往海口开，车程约 45 分钟

● **海马繁殖复育中心**

🏠 Shed 1a, Inspection Head Wharf, Beauty Point

☎ (03)63834111

🕐 导览行程 9 月至次年 4 月 9:30-15:30、5 月至 8 月 10:00-15:00 每整点出发

💴 全票 20 澳元、优惠票 9~18 澳元

🌐 www.seahorseworld.com.au

● **鸭嘴兽之屋**

🏠 200 Flinders St., Beauty Point

☎ (03)63834884

🕐 9:30-15:30

💴 全票 20 澳元、优惠票 9 澳元

🌐 www.platypushouse.com.au

美人角位于塔玛河的出海口，淡水、海水在此交汇，生态极为丰富，吸引很多朗塞斯顿居民前来垂钓。过去在这里原本作为生态复育的机构，也转而对外开放，成为富有教育性质的小型水族馆，海马繁殖复育中心就是其中之一。世界各个品种的海马从出生到成熟的过程，这里都有

展示。海马中心的2楼是家视野极佳的餐厅，餐点量大超值。鸭嘴兽之屋就在海马中心隔壁，可以近距离看到澳大利亚特有生物鸭嘴兽以及针鼹猬。

1824年，威廉姆·亚契由英国前来朗塞斯顿定居，并于1828年开始花了10余年的时间建设他的农庄王国，以英国故居布尔哥登之名为农庄命名。目前农庄由亚契家族第七代经营，170多年历史的洗练，让它成为塔斯马尼亚最老的农庄之一，广袤的草原和舒适宜人的住宿，吸引着每位游客蠢蠢欲动的心。

| **布尔哥登农庄**<br>(Brickendon Historic Farm Cottage)<br> | ⌂ Woolmers Lane (C520) Longford |
| --- | --- |
| | ▤ 从朗塞斯顿机场开车走 C520 公路，车程约 15 分钟 |
| | ☎ (03)63911383 |

布尔哥登农庄集结农场生活与历史文化特色，占地约40万平方米，基本上分为两大部分，为农庄主建筑与花园区及农场本部。主建筑物为英国殖民时期典型的乔治亚式建筑，两层楼高的白色建筑，配上蓝色屋顶和绿色窗棂，欧式风格不在话下。花园内有超过180种的玫瑰花、薰衣草及山楂花等各种开花植物，也可看到1830年至今的挺拔老树，漫步其间，充分享受满园缤纷的视觉飨宴。

此外，农庄内有百年结婚礼拜堂，不少新人会选在这里举办婚礼。建于1824年的礼拜堂，红砖绿顶的乔治亚式建筑造型和礼拜堂内的彩绘玻璃窗，颇有古典气氛。农庄会代为安排一切结婚事宜，如聘请牧师及租借结婚礼服、花卉、餐食等，给新人一场完美的婚礼。

# 东部海岸与
# 西部荒野

　　塔斯马尼亚有超过 1/3 的土地属于国家公园保护的森林、原野和水域，并有 20% 被列为《世界遗产名录》。只要几个小时车程，便可同时体验到世界最后一块温带荒野、古老的雨林、冰河时期形成的冰斗湖、与世隔绝的海滩、挺拔轰鸣的瀑布以及孤高陡峭的海崖……而丰富多样的野生动物就自在地栖息在这些纯净无污染的处女地。超过 3 000 千米长的世界顶级健行步道，让游客在不干扰栖息地的状态下，更容易近距离观赏大自然生态。

# 东部海岸与西部荒野交通

## 如何到达——巴士

### Redline Coaches

　　东部海岸：平日有朗塞斯顿与天鹅海、寇勒斯湾、毕虚诺、圣海伦之间的巴士，车程都在2小时左右。

☎ (03)00360000

🖥 www.tasredline.com.au

### Tassielink

　　东部海岸：提供从霍巴特与东海岸诸多城市或景点之间的交通，例如天鹅海、寇勒斯湾、毕虚诺、圣海伦等，车程2~4小时不等。

　　西部荒野：从霍巴特到圣克莱尔湖约3小时、到皇后镇约5小时，从朗塞斯顿到摇篮山约3小时、到皇后镇约6小时。

☎ (03)00300520

🖥 www.tassielink.com.au

# 精华景点

**毕虚诺镇**
(Bicheno
Town)

🚌 可搭 Redline Coaches 或 Tassielink 巴士前往，见前述

● **毕虚诺游客服务中心**
🏠 41b Foster st., Bicheno
☎ (03)63751500
🕐 周一至周五 10:00–16:00，周六 10:00–13:00

● **钻石岛度假村**
🏠 69 Tasman Hwy., Bicheno
☎ (03)63750100
🌐 www.diamondisland.com.au

整个塔斯马尼亚东海岸与捕鲸历史息息相关，位于酒杯湾北方的毕虚诺镇，就是因捕鲸及猎海豹而发展起来的小镇，狭窄的港湾用来停泊捕鲸船，山丘上则有瞭望台观察外海洄游路过的鲸群。随着时间推移，捕鲸业早已消失，今天澳大利亚更是国际生态保育重要一员，还为此与恶名昭彰的日本捕鲸业发生冲突。

如今，塔斯马尼亚小心翼翼地保护周遭环境，并把历史和自然遗产转化为观光资源，每一座滨海小镇，就是一处生态教室，在毕虚诺镇，水底玻璃船、钓鱼、高尔夫球、水族馆、潜水，都是吸引游客的卖点，而夜间的赏企鹅之旅，更是一天活动中最精彩的一项。

　　小企鹅上岸筑巢的海岸正位于东海岸最著名的钻石岛度假村范围内，为了防范不知情的游客误闯繁殖地，度假村特别立起告示牌并铺设围栏、木栈道。而维持着最低度开发的度假村，从房间窗口望去，尽是绵延不断的海岸自然风光，黑脊鸥、蛎鹬、短尾海鸥……

**派恩加纳牧场**
(Pyengana Dairy Company)

🏠 St. Columbia Falls Rd., Pyengana

🚗 从朗塞斯顿开车向东北走，沿 A3 公路弯进派恩加纳山谷

☎ (03)63736157

🕐 夏季 9:00–17:00、冬季 10:00–16:00

🌐 pyenganadairy.com.au

　　派恩加纳山谷里雨水丰沛，牧草长得格外肥美，200多头黑白相间的荷兰乳牛或立或卧，自在地嚼着牧草。这里坐落着另一座坚持百年传统的生态牧场——由希雷家族所经营的派恩加纳牧场。

　　希雷家族所生产的奶酪是目前澳大利亚仅存、仍坚持传统手工制作的英式巧达奶酪，然而在 1980 年，这种坚持愈来愈无法迎合现代经济规模，直到第四代的琼·希和妻子林达接手，立刻有了起色。林达在农舍旁巧手经营了一座圣牛咖啡厅，提供美味餐点、咖啡、红酒和各种口味奶酪；琼·希雷更在 1990 年年初前往瑞士，精进奶酪制造技巧并研发出各种创新口味的奶酪。

## 费瑟内
国家公园
(Freycinet
National Park)

🚌 从毕虚诺可搭毕虚诺巴士往返寇勒斯顿湾、费瑟内国家公园

☎ (03)62570293

🌐 www.freycinetconnections.com.au

📠 (03)62567000

🕐 11月至次年4月8:00-17:00，5月至10月9:00-16:00

¥ 一日票每人12澳元、每车（最多8人）24澳元

🌐 www.parks.tas.gov.au

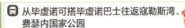

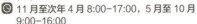

　　无论从塔斯马尼亚第一大城霍巴特北上，还是在第二大城朗塞斯顿南下，沿着蜿蜒崎岖的东海岸行驶，一边是晶蓝的塔斯曼海，一边是壮丽的哈查兹山脉，费瑟内国家公园便位于海岸线正中央，一座座绿树成荫的山脉从海平面高高拔起，延伸入澄澈的海水形成一道完美的圆弧，山棱上是粉红与灰白相间的花岗岩脉，山脚下雪白沙滩沿着圆弧堆积，围出一池平静无波的蓝色大海湾，这就是国家公园内最著名的酒杯湾，曾被国际杂志

评选为"世界十大海滩之一"。

　　一如塔斯马尼亚大多数的国家公园,既远离尘嚣又容易到达,园内更是一座丛林健行者和独木舟划船者的天堂。国家公园设计出 20 分钟到 2 个小时甚至 2 天的健行行程,沿途随着山势起伏,或陡升,或急降,步道两旁怪石嶙峋,长满耐旱的尤加利林,班库树、澳大利亚茶树,偶尔遇上白腹海鹰盘旋高空中,黄喉蜂鸟、黄尾凤头鹦鹉穿梭林间,还有跳出丛林,向游客乞食的小袋鼠。游客来到费瑟内,不是爬上千层阶梯,从山脊的眺望点全览整座酒杯湾,就是直下海滨,徜徉在酒杯湾晶莹剔透的湛蓝海水中。

## 圣海伦
### (St. Helens)

🚌 可搭 Redline Coaches 或 Tassielink 巴士前往
● **圣海伦历史及游客服务中心**
🏠 61 Cecilia St., St. Helens
☎ (03)63761744
🕒 9:00-17:00

　　圣海伦位于塔斯马尼亚的东北海岸，目前是塔斯马尼亚最大的渔港，紧邻着乔治湾，过去也是因为捕鲸而发展起来的城镇。由于这里气候干燥，经常发生丛林火灾，圣海伦也曾在 2006 年遭受波及。因为海岸公路 (A3)紧挨着东部海岸，沿途景观十分迷人，尤其从圣海伦以北 11 千米处的滨纳隆湾，绵延的白沙滩和着透蓝海水，是个可以沿着海滩散步的好地方。

　　而就在公路旁，不能不提有着极佳地理位置的Angasi 餐厅，不仅视野好，所提供的餐点和新鲜食材更是上乘。Angasi 的餐点属于澳大利亚菜，由于紧邻渔港，时令海鲜自是不在话下，尤其不能错过这里的生蚝，不需任何酱汁，只要几滴柠檬汁，凡尝过的人，都无法忘怀它的鲜甜滋味。

**天鹅海**
(Swan Sea)

🚌 从霍巴特开车走 A3 公路；或从朗塞斯顿开车走 1 号快速道路，到 Campbell 镇后接 B34 公路
● **凯特草莓园**
🏠 12 Addison St., Swansea
☎ (03)62578428
🕐 9:30-16:30
🌐 www.katesberryfarm.com

由于天鹅海是东海岸地区距离霍巴特最近的城镇，因此成了霍巴特居民周末假日前来一尝东海岸美食的主要基地。由于有大牡蛎湾的屏障，天鹅海的海岸总是平静无波。从 1820 年开始，就有移民在天鹅海落脚，因此这里留有几栋历史建物，像是议会堂、圣公会教堂、钉子桥等。

在天鹅海市区南边 3 千米处，有一座有机草莓园，由凯特所经营，她从澳大利亚本土只身来到塔斯马尼亚创业，已经闯出一片天地。店内售卖的果酱、水果酒、酱料、冰激凌、甜点等，都吸引不少塔斯马尼亚人或游客不远千里而来。

## 摇篮山·圣克莱尔湖国家公园
### (Cradle Mountain-Lake St Clair National Park)

🚌 可搭 Tassielink 巴士前往
● **摇篮山**
☎ (03)64921110
💴 全票 16.5 澳元、优惠票 8.25 澳元（包括接驳车车资）
🔒 www.parks.tas.gov.au
● **圣克莱尔湖**
☎ (03)62891172
💴 一日票每人 12 澳元、每车（最多 8 人）24 澳元

必游之地 MUST·VISIT PLACES

　　这是塔斯马尼亚最著名的国家公园，顾名思义，国家公园由摇篮山和圣克莱尔湖所组成，其中又以摇篮山为最显著的地标，面积广达 1600 平方千米，被列入《世界遗产名录》。这里有地势险恶的山峰、水势盛大的峡谷、透蓝的湖泊，还有冰斗湖、高地沼泽，是澳大利亚被冰河覆盖面积最大的地区之一。此外，这里还有塔斯马尼亚两项之最——最高峰欧萨山，海拔 1617 米，以及最深的淡水湖——圣克莱尔湖，水深 167 米。

　　游客来到这里最重要的活动便是丛林健行，国家公园设计了各种不同路径、不同长度、不同时程的健行步道，供游客选择。由于摇篮山·圣克莱尔湖国家公园被列为塔斯马尼亚必访景点，许多旅行社也提供各式各样的摇篮山·圣克莱尔湖国家公园一日行，或者更长天数的行程，让游客能更深入了解这座国家公园的魅力。

## 拓瓦那野生动物园
### (Trowunna Wildlife Park)

🏠 1892 Mole Creek Rd., Mole Creek
🚌 从朗塞斯顿开车走 1 号快速道路，到 Deloraine 左转接 B12 公路
☎ (03)63636162
🕐 9:00~17:00，动物秀 11:00、13:00、15:00
¥ 全票 18 澳元、优惠票 9~16 澳元
🌐 www.trowunna.com.au

星级推荐

拓瓦那野生动物园占地约 15 万平方米，位于朗塞斯顿西边的摩尔溪谷小镇，说它是座动物园，不如说它像座公园更恰当。园方饲养 35 种澳大利亚原生的野生动物及鸟类，依不同种类放置在围墙区或放牧区，有深受国人喜爱的无尾熊及袋熊等，游客可近距离观赏，在广阔的放牧区中，则可体验喂食袋鼠的乐趣，甚至与它们追逐玩耍。

园中最受瞩目的是"塔斯马尼亚恶魔"，这种身长约 60 厘米的动物，为塔斯马尼亚独有生物，全身黑色，在前胸、尾巴处有白色条纹，乍看之下有点像只小熊。其实它们生性温驯，而且因为专吃死尸，让岛上干净无比，深受本岛居民喜爱，它们为塔斯马尼亚最具代表性的动物。